Norvel Hayes

Zeit mit Gott

Persönliche Anbetung öffnet den Himmel

Aufbruch-Verlag

Bibelstellen werden mit freundlicher Erlaubnis des R. Brockhaus Verlags aus der Revidierten Elberfelder Bibel zitiert

Übersetzung aus dem Englischen: Rolf Volkmann

Titel der Originalausgabe:
Worship –
Unleashing the Supernatural Power of God in Your Life

P.O. Box 1379 Cleveland, Tennessee 37311, USA
Herausgeber der Originalausgabe:
Harrison House, Inc.
P.O. Box 35035, Tulsa, Oklahoma 74153

Aufbruch-Verlag
der GEMEINDE AUF DEM WEG
Babelsberger Str. 37
D-10715 Berlin
Tel.: 030-85 79 19-65
Fax.: 030-854 77 50
E-Mail: Aufbruch-Verlag@t-online.de

1. Auflage 1997
ISBN 3-926395-23-0
Umschlaggestaltung: Heide Migdalek, Berlin
Foto: Bavaria Bildagentur GmbH & CO.KG, Gauting
Belichtung: DATEC GmbH, Berlin
Druck: Elbedruckerei Wittenberg

Inhaltsverzeichnis

Einführung

Gott möchte, daß Sie in Ihrem Leben Sieg haben. Er möchte Ihnen alles geben, was Sie jetzt brauchen und jemals brauchen werden. Er möchte Ihre Herzenswünsche erfüllen.

Sie werden erstaunt sein, was geschieht, wenn Sie bereit sind, Zeit in seiner Gegenwart zu verbringen und Ihn anzubeten und zu preisen. Sein Segen wird auf Sie fallen, ja, er wird in Fülle auf Sie fallen.

Es gab eine Zeit, in der ich nicht wußte, daß Anbetung und Lobpreis wichtig sind. Ich dachte, alles würde in Ordnung sein, solange ich Gott nur liebte und ihm treu bliebe, solange ich nur zur Gemeinde ginge, meinen Zehnten zahlte und nett zu den Leuten wäre. Aber nachdem ich in den vollzeitlichen Dienst gegangen war, fand ich heraus, was es wirklich bedeutete, dem Herrn zu dienen.

Mein Leben wurde verändert, als ich die Einzelheiten von Lobpreis und Anbetung erkannt hatte, die ich in diesem Buch weitergeben möchte. Ich fand heraus, daß, wenn ich dem Wort Gottes gegenüber gehorsam war, es für mich lebendig wurde, und daß Gott selbst sich mir offenbarte. Ich entdeckte, daß Gott bereits einen Bund mit seinem Volk geschlossen hatte, der auch für Sie und mich Segen vorgesehen hat.

Ja, es gibt eine Zeit zu singen. Es gibt eine Zeit zu beten. Es gibt eine Zeit zu predigen. Es gibt eine Zeit zu lehren. Es gibt eine Zeit zu danken. Es gibt eine Zeit zu preisen und auch eine Zeit anzubeten, und wenn Sie und ich damit anfangen, werden wir all das erleben, was Gott für uns vorbereitet hat, und Tag für Tag in einer ganz neuen Sphäre leben.

Kapitel 1

„Bete mich mehr an..."

Psalm 111,1
Halleluja! Preisen will ich den HERRN von ganzem Herzen im Kreis der Aufrichtigen und der Gemeinde.

Der Geist Gottes kommt an den ungewöhnlichsten Orten auf mich. So auch vor einigen Jahren, während ich im Auto fuhr und meinen eigenen Gedanken nachhing. Er sagte zu mir: „Mein Sohn, die Gemeinde leidet argen Mangel."

Ich fragte Ihn: „Was meinst Du mit ‚argem Mangel'?"

„Meine Kinder lieben mich grundsätzlich, aber sie leben in Armut, Krankheit und Niederlage. Sie leben nicht in den Segnungen des Himmels, weil sie mich nicht genug anbeten", antwortete Er mir.

„Du hast Recht, Herr", sagte ich, „eigentlich kenne ich ganze Gemeinde, die überhaupt keine Zeit darauf verwenden, Dich anzubeten. Die Pastoren sagen nie: ‚Laßt uns eine Zeit den Herrn anbeten, nur weil Er Gott ist'. Sie lehren die Leute nur, zur Kirche zu gehen, ein paar Lieder zu singen und einem vorgetragenen Lied zuzuhören oder im Chor mitzusingen, aber sie beten Dich nicht wirklich an."

Dann sagte Er zu mir: „Und das gilt auch für Dich."

Alles was ich sagen konnte war: „Wirklich?"

„Du reist durchs ganze Land und lehrst mein Wort. Du lehrst über Glauben und Bekennen. Du betest für die Kranken, doch du mußt mich mehr anbeten. Ich bin ihr Gott, und sie sind meine Kinder. Wenn du meine Kinder lehrst, mich mehr anzubeten, werde ich große und mächtige Dinge für sie tun", fuhr Er fort.

In diesem Augenblick fing ich an zu weinen. Jedesmal, wenn der Herr mir sagt, daß ich für zu leicht befunden wurde und versagt habe, tue ich Buße und weine.

Das alles geschah, kurz bevor ich die Aussagen der Bibel über Anbetung studierte und anfing, über Anbetung zu lehren.

Gott möchte, daß Sie ein Leben in Fülle haben

Wissen Sie, ich habe herausgefunden, daß Gott mich segnen will. Er möchte mir Seinen Frieden und Seine Zufriedenheit geben. Er möchte mir Kraft geben, ohne daß ich mir Sorgen mache. Wissen Sie, daß Er für Sie dasselbe möchte? Das kranke, von Armut überwältigte, schwache und chaotische Leben, das einige Christen führen, ist nicht die Qualität von Leben, die Gott für uns vorbereitet hat. Die Art von Leben, die Er für uns vorbereitet hat, ist ein Leben in Fülle.

Man mag einwenden: „Aber Bruder Norvel, meine Kinder sind vom Glauben abgefallen. Mein Ehemann ist krank und die Ärzte sagen, daß es keine Hoffnung mehr für ihn gibt. Ich frage mich: ‚Warum passiert mir das alles? Warum tut Gott niemals etwas für mich?'".

Wie oft haben Sie Gott in diesem Monat angebetet? Sie mögen sagen: „Ich habe Gott in diesem Monat überhaupt noch nicht angebetet, aber ich besuche eine gute Gemeinde und habe einen netten Pastor."

Nun, ich bezweifele nicht, daß Sie eine gute Gemeinde besuchen und einen netten Pastor haben, aber was hat das mit Ihnen persönlich zu tun? Ihr Pastor und Ihre Gemeinde können Gott nicht stellvertretend für Sie anbeten. Sie müssen selbst eine Beziehung zu Gott haben.

Darauf könnten Sie antworten: „Aber Bruder Norvel, ich bin seit dreißig Jahren errettet und im Heiligen Geist getauft. Gott weiß, daß ich Ihn liebe." Sie haben meine Frage nicht beantwortet. Haben Sie Jesus in diesem Monat schon einmal angebetet? Haben Sie sich in diesem Monat schon einmal vor Ihm niedergekniet und Ihn als Ihren Erretter, Heiler und Wunderwirker gepriesen? Haben Sie Ihm gedankt, weil Ihr Name im Himmel aufgeschrieben ist. Haben Sie Ihm gesagt, wie wundervoll Er ist und haben Sie Ihn, Ihn allein, angebetet?

„Ich denke, eigentlich habe ich das nicht getan."

Dann haben Sie die Fülle des himmlischen Segens verpaßt! Gott anzubeten ist wichtig! Gott hat so viel Gefallen an Seinen Kindern, wenn Er herunterschaut und ihre Anbetung und ihren Lobpreis sieht. Er erledigt ihre Probleme für sie. Er gibt ihnen alles, was sie brauchen und was in der Bibel beschrieben ist. Er gibt uns, was unser Herz begehrt (Psalm 37,4).

Es ist völlig egal, welches Problem Sie haben. Gott weiß, was zu tun ist. Ich weiß nicht, was zu tun ist, aber Jesus weiß es. Er kennt Ihren Fall genau. Er hat Sie gemacht, Er liebt Sie und möchte Sie segnen. Alles, was Er von Ihnen erwartet, ist, daß Sie Ihn um seintetwillen anbeten, und Ihn für das, was Er getan hat, preisen. Anbetung und Lobpreis sind wie Zwillinge, sie gehören einfach zusammen.

„Komm ganz allein vor mich"

Nachdem Gott mir zeigte, wie ich mich verhalten hatte, sagte ich: „Ich weiß nicht, was die Gemeinde tun wird, ich jedenfalls werde mich ändern." Ich habe mich nicht über Nacht geändert, aber ich fing an, über einen längeren Zeitraum hinweg Gott allein in meinem Zimmer anzubeten. Ich kniete mich nieder und betete Gott ganz allein an.

Ich reiste durchs ganze Land und predigte vor Tausenden von Menschen. Doch bis zu diesem bestimmten Tag verbrachte ich keine Zeit damit, Gott in meinem Zimmer ganz allein anzubeten. Natürlich betete ich vor dem Gottesdienst, um die Salbung von Ihm zu bekommen, und ich bemühte mich um einen untadeligen Lebensstil. Aber ich habe keine bedeutende Zeit damit verbracht, den Herrn allein in meinem Zimmer anzubeten, wo es niemand sah.

Falls Sie Gott nur dann anbeten können, wenn eine Gruppe von Menschen um Sie herum ist, so ist Ihre Beziehung zum Herrn angeknackst. Um Gott anzubeten, brauchen Sie niemand anderen dabeizuhaben. Ihre Anbetung wird Gott niemals völlig gefallen, bis Er Sie allein anbeten sieht.

Wenn Sie wollen, daß Gott Sie so sehr segnet, daß Sie es kaum noch fassen können, dann fangen Sie an, Gott ganz allein in Ihrem Schlafzimmer anzubeten. Natürlich ist Gott auch erfreut, wenn Sie Ihn in der Gemeinde anbeten. Doch die Lieder, die Sie Ihm im Gottesdienst singen, sind nur dazu da, Sie Anbetung zu lehren. Der Gesang im Gottesdienst ist nicht alles. Er erfreut Gott, doch Sie müssen an den Punkt kommen, wo Sie sich entscheiden, selbst Gemeinschaft mit Gott zu haben, nur Sie und Gott.

Sie können Ihr Leben mit Gott nicht auf die Beziehung gründen, die Ihre Mutter, Ihr Vater oder Ihr Pastor mit Ihm hat. Sie müssen selbst eine Beziehung zu Gott aufbauen, und Sie werden niemals eine bedeutsame Beziehung mit Ihm haben, wenn Sie sind nicht bereit sind, zu lernen, erstrangige Dinge auch an die erste Stelle zu setzen.

> Matthäus 6,33
> Trachtet aber zuerst nach dem Reich Gottes und nach seiner Gerechtigkeit! Und dies alles wird euch hinzugefügt werden.

Wenn Sie die wichtigsten Dinge an die erste Stelle setzen, wird es nicht lange dauern, bis Gott Ihnen in einer neuen Weise begegnen wird. Es wird sein, als hätten Sie Zucker im Mund. Die Atmosphäre um Sie herum wird nach Rosen duften, weil Jesus die Rose von Scharon ist (Hohelied 2,1).

In Matthäus 6,6 heißt es, daß Gott Sie öffentlich belohnen wird, wenn Er Sie im Verborgenen beten sieht. Wenn ich Sie nur dazu bringen könnte, das zu glauben, dann würden Sie die Wahrheit dieser Schriftstelle für sich selbst erkennen und Menschen, die dieses Buch lesen, würden wirklich damit beginnen, den Herrn für sich allein zu preisen, und ich würde im nächsten Jahr und in den folgenden Jahren etliche Briefe bekommen, in denen es heißt:

„Bruder Norvel, ich habe den Herrn ein Jahr lang angebetet und ein paar kleine Dinge sind auch geschehen. Aber jetzt hat sich mein Leben total verändert. Das Leben ist kein Kampf mehr für mich. Gott gießt Seinen Segen auf mich herab, so daß ich es kaum fassen kann."

Seit diesem Tag

Wie ist es, sind Sie dazu bereit? Seit dem Tag, als ich anfing, das zu tun, habe ich keine finanziellen Probleme mehr. Ich habe sogar ein bebautes Grundstück für eine Bibelschule erworben. Innerhalb eines Jahres war das Geld zusammengekommen. Wir mußten nicht einmal ein Opfer dafür erheben.

„Wollen Sie mir sagen, daß Sie nicht einmal ein Opfer einsammeln mußten, um das Gebäude zu bezahlen?"

„Ja, mein Lieber, genau das will ich damit sagen."

Dies ist bereits das vierte Gebäude, das wir bauen – wir sind gerade dabei, die letzten Dinge am vierten Gebäude zu erledigen – und ich habe nicht für ein einziges Gebäude ein Opfer erhoben.

„Nun ja, wo kam denn das Geld her?" mögen Sie fragen.

Ich weiß es nicht. Es kam einfach. Gott sandte Menschen zu den Seminaren, die ich hielt, die sagten: „Bruder Norvel, ich habe zu Hause gebetet, und Gott sprach zu mir, daß ich hierher kommen und Ihnen einen Scheck über zehntausend Dollar geben soll."

Ich habe nicht immer hundertprozentig perfekt gelebt. Es gibt nur einen Jesus, und ich bin nicht Jesus. Es gibt nur Einen, der keine Fehler macht, und ich bin es nicht. Doch wenn Sie nur das tun würden, was Er Ihnen sagt, würde der Segen Gottes auf Sie fallen, und er würde in all seiner Fülle auf Sie fallen.

Einmal war ich in Columbus, im Bundesstaat Ohia, um auf einer Konferenz zu sprechen. Nachdem ich im Hotel angekommen war, teilte ich dem Pastor mit, daß ich mich am Nachmittag nicht mit Ihm treffen, sondern erst am Abend mit Ihm zusammensein könnte. Den ganzen Nachmittag blieb ich auf meinem Zimmer und betete Gott an. Ich muß Ihn wohl fünf oder sechs Stunden lang angebetet haben. Als ich an diesem Abend meinen Mund öffnete, um zu predigen, begann Gott damit, mir die Bibel zu offenbaren und zu erklären. Ich hätte zehn Stunden lang aus der Bibel lehren können, ohne in sie hineinzusehen. Es kam als Offenbarungserkenntnis über mich, in einer Form, wie Sie es kaum glauben können. Ich meine, es floß einfach aus mir heraus.

Die Salbung war so stark, daß ich es kaum aushalten konnte. Ich dachte, Gott nimmt mich auf in den Himmel. Ich war so gesalbt, daß ich am Anfang kaum sprechen konnte! Ein anderer Diener Gottes, der neben dem Pastor saß, meinte: „Norvel ist so stark gesalbt. Ich verstehe nicht, daß er noch stehen kann, er muß jeden Augenblick zu Boden fallen." Während dieser Versammlung wirkte der Heilige Geist in mächtiger Weise. Es ist erstaunlich, was Er tut, wenn Sie Seinem Wort gehorchen und Ihn anbeten.

Machen Sie Lobpreis und Anbetung zu Ihrem Lebensstil

Vielleicht möchten Sie für Ihre Anbetung eine bestimmte Zeit festlegen. Es ist in Ordnung, wenn Sie das tun. Es liegt ganz bei Ihnen. Ich mache das nicht, aber Sie können das so machen, wenn Sie das Empfinden haben.

Wenn Sie eine Zeit festsetzen, um Gott anzubeten – sagen wir zum Beispiel um 6.00 Uhr oder um 9.00 Uhr morgens – sagen Sie später nicht: „Ich habe Gott am Morgen eine Stunde angebetet, das ist genug für heute. Ich kann jetzt etwas anderes machen." Nein, Sie müssen bereit und willig sein, Gott zu jeder Zeit anzubeten.

Ich sage nicht, daß Sie um 5.00 Uhr morgens aufstehen und bis um 9.00 Uhr Gott anbeten müssen. Sie müssen auch nicht an jedem Nachmittag um 15.00 Uhr unter eine alte Eiche gehen und dort Gott drei Stunden anbeten. Ich habe all diese Dinge ausprobiert, und es klingt alles sehr geistlich und sehr gut. Das Traurige daran ist, daß Sie nicht dabei bleiben können. Es wird der Tag kommen, an dem Sie nicht um 15.00 Uhr nachmittags unter die Eiche gehen können, um drei Stunden zu beten. Verstehen Sie, was ich meine?

Es ist eine gute Idee, eine Zeit für Anbetung und Lobpreis festzulegen, wenn Sie dies wollen. Ich verurteile das nicht. Aber lassen Sie sich nicht von einem Zeitplan oder einem Ort fürs Gebet unter irgendeinen Druck bringen oder binden. Machen Sie Anbetung und Lobpreis einfach zu Ihrem Lebensstil. Ich bete Gott regelmäßig an, aber ich habe keine bestimmten Stunden dafür festgesetzt. Ich versuche, Ihn wenigstens zwei-, drei- oder viermal am Tag anzubeten. Ich persönlich mag es, an jedem Morgen, wenn ich aufgestanden bin, den Herrn eine Zeitlang anzubeten.

„Wie lange, Bruder Norvel?“ fragen mich einige Leute. Ich weiß nicht wie lange. Ich stoppe die Zeit nicht, in der ich Gott anbete. Von dieser Bindung wurde ich vor langer Zeit befreit. Früher hatte ich Gott nur von 11.00 Uhr bis 12.00 Uhr am Sonntagmorgen angebetet, und wenn wir nicht um 12.00 Uhr fertig waren, sind uns die anderen Gemeinden in der Cafeteria zuvorgekommen!

Gott trägt keine Armbanduhr, Er hat Zeit genug. Wenn Sie Gott an jedem Morgen anbeten wollen, nehmen Sie sich fünf, zehn oder fünfzehn Minuten – nehmen Sie sich drei Stunden Zeit, wenn Sie wollen. Achten Sie jedoch darauf, daß Sie nicht zu weit gehen und zu merkwürdig werden. Wenn Sie das tun, wird es nicht lange dauern und Sie werden Ihre Arbeit kündigen, um „aus Glauben“ zu leben. Nach drei oder vier Monaten wird Ihre Frau zu Ihnen sagen: „Hast du in letzter Zeit einmal in den Küchenschrank gesehen?“ Sie werden antworten: „Ich glaube Gott, daß Er all meinen Mangel ausfüllt, Schatz“. Nach weiteren sechs Monaten wird sie sagen: „Nenn‘ mich nicht ‚Schatz‘. Ich bin hungrig.“

Machen Sie Anbetung zu Ihrem Lebensstil, doch ich sage Ihnen: Bleiben Sie ausgewogen. Gott mag normale Menschen voll Heiligen Geistes. Vielleicht sind Sie ein Geschäftsmann und wollen Gott am Nachmittag in Ihrem Büro anbeten. Dann schließen Sie die Tür und sagen Ihrer Sekretärin: „Falls jemand für mich anruft, machen Sie bitte eine Notiz. Schreiben Sie die Nummer auf, ich werde dann zurückrufen.“

Zeigen Sie Gott Ihren guten Willen, und schließen Sie für fünfzehn Minuten Ihre Bürotür. Dann tun Sie nichts anderes, als Ihn allein in Ihrem Büro anzubeten und zu loben. Knien Sie sich nieder, und loben und preisen Sie Ihn eine Zeitlang. Fangen Sie an, Jesus als Ihren Geschäftspartner zu sehen. Nachdem Sie auf diese Weise einige Zeit verbracht haben, wird die Herrlichkeit des Herrn in Ihr Büro kommen, und sie werden Seine Gegenwart spüren wie nie zuvor.

Wenn Sie sich entscheiden, Gott für sich allein anzubeten, wird Er Sie öffentlich sichtbar belohnen. Bei Gott gibt es keine Niederlage. Wann immer Sie unter Erfolglosigkeit in Ihrem Leben leiden, liegt das daran, daß Jesus wie ein Außenstehender ist. Er ist nicht daran beteiligt. Alles, woran Jesus beteiligt ist, wird erfolgreich sein. Bei Gott gibt es keine Erfolglosigkeit. Wo immer Gott beteiligt ist, ist Erfolg.

Preisen Sie Ihn in der Versammlung

Die Tatsache, daß Sie Gott für sich selbst allein anbeten, sollte jedoch nicht bedeuten, daß Sie Ihn nicht mehr anbeten, wenn andere dabei sind.

> Psalm 111,1
> Halleluja! Preisen will ich den HERRN von ganzem Herzen im Kreis der Aufrichtigen und der Gemeinde.

Gott möchte, daß wir Ihn zusammen mit den Aufrichtigen und in der Gemeinde anbeten. Während eines Aufenthaltes in Tulsa, im Bundesstaat Oklahoma, habe ich etwas erlebt, wodurch ich schnell lernte, was passieren kann, wenn Menschen gemeinsam den Herrn preisen und anbeten. Ich wohnte bei einem Ehepaar, Kenneth und Oretha Hagin, und an einem Abend waren wir zum Abendessen in einem Restaurant. Wir standen gerade vom Tisch auf und durchquerten den Speisesaal, als mich plötzlich ein Mann an seinem Tisch anhielt und fragte: „Sind Sie Norvel Hayes?" – „Ja, Sir", antwortete ich.

„Ich möchte Sie nicht lange aufhalten. Ich sehe, daß Sie zusammen mit Bruder und Schwester Hagin hier sind. Aber manchmal erzählen Menschen nie ein persönliches Zeugnis. Ich möchte Ihnen schnell ein Zeugnis erzählen.

> Ich habe sechzehn Jahre lang Drogen genommen und war absolut abhängig. Ich hing an der Nadel, ich war ein schwerer Fall. Als ich eines Abends dringend neue Drogen brauchte und an einem großen Gebäude vorbeifuhr, sah ich Hunderte von Autos auf dem Parkplatz. Ich brauchte so dringend einen Schuß, daß ich nicht verstand, was dort los war. Ich dachte: ‚Die müssen hier eine große Party feiern. Schau Dir bloß an, wieviele Autos hier sind.' Also parkte ich meinen Wagen. Irgendwie fand ich den Weg zum Gebäude und ging hinein. Sie standen

hinter der Kanzel und sprachen, also setzte ich mich in eine der hinteren Sitzreihen. Dann forderten Sie die Leute auf, sich zu erheben. Auch ich stand auf, total angewiesen auf den nächsten Schuß. Ich wußte nicht einmal, wo ich war. Ich wußte nicht, was vor sich ging. Ich hatte nie von Kenneth Hagin gehört.
Sie zeigten mit dem Finger auf mich und sagten: ‚Erhebe deine Hände und preise Gott. Er ist würdig angebetet zu werden.' Als Sie das sagten, dachte ich mir: ‚Also gut, ich werde meine Hände heben und Gott preisen'.
Plötzlich kam eine Kraft auf mich. Von meinem Kopf aus ging diese Kraft durch meine Hände und herunter bis in meine Füße. Als das geschah, verließ mich all mein böses Verlangen. Ich wurde nüchtern und von diesem Augenblick an normal. Ich wurde an diesem Abend, während ich dort stand, in einen völlig anderen Menschen verwandelt, weil Sie zu mir gesagt hatten, ich solle meine Hände erheben und Gott anbeten. Sie sagten, daß Gott große Dinge für mich tun würde. Als ich meine Hände erhob, wurde ich von jedem Anteil des bösen Verlangens vollständig befreit. Heute bin ich Student der Rhema-Bibelschule von Bruder Hagin. Ich wollte mich nur für Ihren Dienst bedanken, Mr. Hayes."

Wenn Sie die Hilfe Gottes und Seinen überfließenden Segen erleben wollen, lernen Sie es, Ihn anzubeten und zu preisen. Wenn es bei einem Drogenabhängigen funktioniert, wird es auch bei Ihnen funktionieren, aber Sie dürfen sich gegenüber Menschen nicht für Gott schämen. Preisen Sie Ihn mit lauter Stimme, so laut, daß Sie sich selber singen hören, und beten Sie mit Ihrem ganzen Herzen im Kreise der Aufrichtigen und in der Gemeinde an.

Ihr Motiv ist entscheidend

Es gibt Menschen, die nur am Sonntagmorgen und am Sonntagabend mit Gott leben und an den übrigen Tagen der Woche ihren eigenen Dingen nachgehen. Warum beten sie Gott nicht die ganze Woche über an?

Es kommt vor, daß Sie von jemandem zum Essen eingeladen werden, und damit Sie sehen, wie geistlich diese Person ist, sagt sie zu Ihnen: „Ich habe einige Traktate mitgenommen und werde die Kellnerin bekehren". Dann fragt sie die Kellnerin: „Hallo, sind Sie errettet?" Wissen Sie, warum solche Menschen das machen? Im allgemeinen, um in der Öffentlichkeit wahrgenommen zu werden. Sie verbringen keine wertvolle Zeit damit, Jesus in ihrem Zimmer, wo sie niemand sehen kann, anzubeten. Gott sagt uns in Seinem Wort klar, daß sie ihre Belohnung schon erhalten haben.

> Matthäus 6,1
> Habt acht auf eure Gerechtigkeit, daß ihr sie nicht vor den Menschen übt, um von ihnen gesehen zu werden! Sonst habt ihr keinen Lohn bei eurem Vater, der in den Himmeln ist.

Wenn Sie sich so verhalten, helfen Sie Jesus nicht. Verstehen Sie das? Sie brauchen niemandem zu zeigen, wie geistlich Sie sind, indem Sie jemanden in Verlegenheit bringen oder ihn von der Arbeit abhalten, die ein anderer bezahlt. Wenn die Situation es erfordert oder wenn Sie sich so vom Herrn geleitet fühlen, ist es in Ordnung, doch bleiben sie dabei im Rahmen des Erlaubten. Lernen Sie zuerst, sich selbst zu benehmen. Hinterlassen Sie immer einen guten Eindruck von sich und von Jesus.

Wir haben alle Fehler in unserem Leben gemacht. Manchmal, wenn jemand im Heiligen Geist getauft wurde, geht er überall hin und verkündet jedem Botschaften in anderen Sprachen. Gott möchte, daß alle in Sprachen reden, das garantiere ich Ihnen, doch solche Dinge sollte man nicht tun. Diese Menschen denken: „Nun, da ich im Heiligen Geist getauft bin und in anderen Sprachen rede, gehe ich nach Hause und sorge dafür, daß meine ganze Familie im Heiligen Geist getauft wird und in anderen Sprachen redet." NEIN! Sie müssen es anders anstellen.

Wenn Sie nach Hause gehen und es auf diese Art versuchen, werden alle sagen: „Was? Du tust *was*?"

Ich kenne eine hübsche Frau, die im Heiligen Geist getauft wurde und in anderen Sprachen redete. Sie ging nach Hause und erzählte ihrem Ehemann: „Ich spreche in Zungen!" Er bekam Angst vor ihr und wollte sie nicht mehr küssen. Er sagte: „Du küßt mich nicht! Du hast einen dieser komischen Geister." Es endete damit, daß sie geschieden wurden.

Jemand anderes, nicht seine Frau, hätte die Bibel nehmen und sich mit ihm hinsetzen sollen. Er hätte ihm die Schriftstellen 1.Korinther 14 und Apostelgeschichte 2,4 zeigen sollen und ihm auf intelligente Art den Plan der Errettung und der Taufe im Heiligen Geist, mit der Notwendigkeit der Sprachenrede, erklären sollen. Auf diese Weise hätte der Mann die Gelegenheit gehabt, die Sache zu verstehen – zumindest ein bißchen.

Doch sie hat es ihm mit den Worten: „Ich habe, was du brauchst. Du mußt im Heiligen Geist getauft werden und in anderen Sprachen reden", vor den Kopf geknallt. Sie sagte die Wahrheit, aber sie verhielt sich falsch. So wurde sie nicht mehr geküßt und wenig später geschieden.

Achten Sie darauf, was Sie sagen und wie Sie sich gegenüber anderen Menschen verhalten. Lassen Sie sich von Gott in allem, was Sie tun leiten, dann werden Sie sich immer so benehmen, wie Er es von Ihnen erwartet.

Kapitel 2

Die Werke des Herrn sind groß

Was genau beinhalten die Werke Gottes? Die Werke des Herrn sind Errettung für Sie und Ihre ganze Familie, wenn Ihr Glaube sie nicht außer Kraft setzt. Die Werke des Herrn, des allmächtigen Gottes, sind Heilung für Ihren Körper. Die Werke des Herrn sind Wunder, wenn Sie sie brauchen. Die Werke des Herrn sind die neun Gaben des Geistes für jeden, der an Ihn glaubt.

> Psalm 111,2
> Groß sind die Taten des HERRN, zu erforschen von allen, die Lust an ihnen haben.

Ich wünsche mir, daß die Welt wüßte, wie groß die Werke des Herrn sind. Ich hasse es, das zu sagen, aber ich wünschte mir, daß auch die Gemeinde dies wüßte. Ich weiß, daß einige wissen, wie groß die Werke des Herrn sind, doch es tut mir weh, zu sehen, wie Menschen immer wieder versuchen, Dinge durch harte Arbeit und in ihrer eigenen Kraft aufzubauen, anstatt die großen Werke des Herrn zu genießen. Es sind nette Menschen, die viel Geld spenden, Millionen von Mark für den Herrn. Doch aufgrund der Lehre, unter der sie leben, der Lehre, die ihnen gepredigt wird, werden sie nie in der Lage sein, die Werke Gottes zu genießen.

„Aber, Bruder Norvel, ich bin krank, ich bin zerbrochen, ich bin verwirrt, und ich brauche Hilfe". Ich sage Ihnen kühn, daß die Werke Gottes groß sind, und daß sie sich erweisen, wenn Sie Ihn anbeten und preisen.

Solange Sie sich weigern, Gott anzubeten, Ihn zu loben und seinen Namen zu erheben, werden Sie keine Erkenntnis über die Größe Seiner Werke haben. Sie werden Jesus aus Ihrem Leben ausschließen, weil Sie es versäumen, Ihre Augen auf Ihn zu richten.

Die Werke des Herrn sind Heilung

Einige Juden in Jerusalem sahen die Werke der Heilung durch den Herrn und waren erstaunt über das, was sie sahen.

> Apostelgeschichte 3,1-10
> Petrus aber und Johannes gingen um die Stunde des Gebets, die neunte, zusammen hinauf in den Tempel. Und ein Mann, der von seiner Mutter Leibe an lahm war, wurde herbeigetragen; man setzte ihn täglich an die Pforte des Tempels, die man die schöne nennt, damit er Almosen erbat von denen, die in den Tempel gingen. Als dieser Petrus und Johannes sah, wie sie in den Tempel eintreten wollten, bat er, daß er ein Almosen empfinge. Petrus aber mit Johannes blickte fest auf ihn hin und sprach: Sieh uns an! Er aber gab acht auf sie, in der Erwartung, etwas von ihnen zu empfangen. Petrus aber sprach: Silber und Gold besitze ich nicht; was ich aber habe, das gebe ich dir: Im Namen Jesu Christi, des Nazoräers: Geh umher! Und er ergriff ihn bei der rechten Hand und richtete ihn auf. Sofort aber wurden seine Füße und seine Knöchel stark, er sprang auf, konnte stehen und ging umher. Und er trat mit ihnen in den Tempel, ging umher und sprang und lobte Gott. Und das ganze Volk sah ihn umhergehen und Gott loben; und sie erkannten ihn, daß er der war, der um das Almosen an der schönen Pforte des Tempels gesessen; und sie wurden mit Verwunderung und Erstaunen erfüllt über das, was sich mit ihm ereignet hatte.

Innerhalb weniger Minuten war ein verkrüppelter Mann völlig normal. Sein Bein war nicht mehr verdreht. Und er verließ den Ort, indem er lief, hüpfte und Gott pries. Als die Juden das sahen, waren sie erstaunt. „Aber die Juden glaubten nicht an Jesus, Bruder Norvel", mag jemand einwenden. Als sie sahen, daß der verkrüppelte Mann geheilt war, glaubten sie plötzlich alle und *Sie* würden das auch tun, vor allem dann, wenn jemanden aus Ihrer Familie verkrüppelt wäre. Sie würden sehr schnell glauben.

Oh, ich liebe die Werke des Herrn. Und mein Freund, Sie sollten sie auch lieben.

Die Werke des Herrn sind finanzielle Versorgung

Wie ich bereits beschrieben habe, sagte Gott zu mir: „Ich möchte, daß mein Volk Zeit damit verbringt, mich anzubeten. Ich möchte sehen, wie meine Gemeinde mich anbetet. Doch mehr als das wünsche ich mir, daß jeder Einzelne mich anbetet und vor allem, daß sie allein vor mich kommen."

Als Gott das zu mir sagte, fing ich an, Ihn mehr und mehr anzubeten. Ich verbrachte Zeit damit, Ihn anzubeten und zu preisen. Nachdem ich Ihm durch Anbetung und Lobpreis den ersten Platz in meinem Leben eingeräumt hatte, erlebte ich finanziellen Segen für mich und für meinen Dienst.

Das gleiche wird in Ihrer Gemeinde geschehen, vorausgesetzt Ihr Pastor und Ihre Gemeinde wollen Gott anbeten. Sie müssen mehr Zeit darauf verwenden, Gott anzubeten und zum Himmel aufzusehen, als sich um Ihre Nöte und das fehlende Geld zu kümmern.

Alles muß ins richtige Verhältnis gesetzt werden. Dann wird Gott Sie versorgen und Sie werden erleben, wie Hunderte und Tausende von Mark Ihrem Gemeindekonto hinzugefügt werden. Ich sage Ihnen, es wird geschehen.

Es könnte der Einwand kommen: „Nun gut, aber wo soll das Geld herkommen, Bruder Norvel?". Wer in aller Welt, weiß schon wo es herkommt? Ich weiß es auch nicht immer. Gott wird einfach dafür sorgen, daß es kommt.

Ich bekam eines Tages in meinem Büro einen sehr interessanten Brief mit folgendem Inhalt: „Ich wohne hier unten in Florida, und als ich betete, Bruder Norvel, sprach der Herr zu mir, daß ich Ihnen für Ihren Dienst einen Scheck über 26.000 Dollar schicken solle. Ich sprach mit meiner Frau darüber, aber sie stimmte nicht mit mir überein. Ich sagte zu ihr: ‚Schatz, ich weiß, daß der Herr geredet hat. Ich habe gebetet, und Gott sagte mir, daß ich Norvel Hayes einen Scheck über 26.000 Dollar für seinen Dienst schicken soll. Ich bitte dich also, daß du betest und Gott wegen dieser Sache selber fragst'. Sie ging in ihr Zimmer und begann zu beten. Nachdem sie einige Zeit im Gebet verbracht hatte, kam sie heraus und sagte: ‚Schick Bruder Norvel den Scheck'". Und er tat es! Mein Freund, das passiert mir dauernd – *dauernd.*

Ich habe für meinen Dienst Geld auf der Bank, aber wir brauchen es für all die Erfordernisse unseres Büros und der Bibelschule. Es gibt immer etwas zu erledigen. Ich glaube wir sollten immer einen bestimmten Betrag als eiserne Reserve haben. Dann brauche ich, wenn etwas Unvorhergesehenes passiert, nicht zu fragen: „Wo bekommen wir das Geld her?" Ich kann Ihnen sagen, Gott möchte nicht, daß ich mir über irgend etwas Sorgen mache.

Die Werke des Herrn sind die Gaben des Geistes

Während eines Treffens in San Antonio, im Bundesstaat Texas, betete ich für eine Frau. Als ich meine Hände auf sie legte und für sie betete, erhob sie ihre Hände und begann, den Herrn zu preisen. Dann brach sie plötzlich zusammen und begann zu weinen. Die Frau hatte sich verändert, als sie begonnen hatte, den Herrn zu preisen. Sie hatte ihre Hände vor sich ausgestreckt, so als würde sie Klavier spielen. Während sie den Herrn weiter anbetete, stand sie ganz still, nur ihre Hände bewegten sich von links nach rechts. Sie pries den Herrn mit ihrem Mund und mit ihren Händen, und Tränen liefen über ihr Gesicht. Sie muß dort für zwanzig Minuten so gestanden haben. Als ich zu ihr herübersah, sprach der Geist Gottes zu mir: „Ich lehre sie das Orgelspielen".

Wie wir in Psalm 111, 2 gesehen haben, sind die Werke des Herrn groß. Doch solange Sie sich nicht vor ihm beugen und ihn anbeten, werden Sie niemals viel von den großen Werken Gottes verstehen. Um Ihn anzubeten, müssen Sie Zeit damit verbringen, Seinen Namen zu preisen und Ihn zu verherrlichen.

Der Ehemann dieser Frau stand gerade bei ihr. So ging ich hin zu ihnen und sagte zu ihr: „Der Heilige Geist hat mir soeben gesagt, daß er Ihnen das Orgelspielen beibringt". Nachdem das geschehen war, weihte Gott diese Frau in die Geheimnisse des Orgelspielens ein und lehrte sie, indem Er ihr an ihren Händen wirkte. Sie spielte Orgel wie ein Profi. Sie war wirklich so gut, daß der Pastor einer großen Gemeinde in Houston, Texas, sie einlud, in seiner Gemeinde zu spielen. Ihr Orgelspiel war so gut, daß sie dort monatelang spielte.

Die Werke des Herrn sind für die nächste Generation

Wenn Sie Gott Ihr Talent geben und sich selbst Ihm weihen, wird Er dieselben Dinge mit Ihren Nachkommen tun, die er an Ihnen getan hat. Ich habe dies bei einer Mutter und ihrer Tochter erlebt, nachdem ich einmal in San Antonio, im Bundesstaat Texas, gedient hatte. Die Frau spielte im Symphonieorchester von San Antonio Bratsche. Als wir uns trafen, sagte sie: „Norvel, würden Sie zu mir nach Hause kommen und meinen Ehemann bitten, daß er mir erlaubt, für Jesus zu arbeiten?"

Ich kam zum Essen, und wir unterhielten uns lange darüber, wie wichtig es ist, für die Arbeit des Herrn zur Verfügung zu stehen. „Sie sind nicht mit einer normalen Frau verheiratet", sagte ich dem Ehemann. „Ihre Frau hat eine tiefe Hingabe an Gott und ist sehr stark von Gott gesalbt. Er wird große und mächtige Dinge für sie tun, weil sie bereit ist, überall für Ihn hinzugehen." Sie war bereit, fünfhundert Meilen zu fahren, um einen Ton für Jesus auf der Bratsche zu spielen. Einmal fuhr sie nach Shreveport, im Bundesstaat Louisianna, wo ich zu einem Treffen eingeladen war. Als sie anfing, auf der Bratsche zu spielen, heilte der Herr einen verkrüppelten Mann, der in der ersten Reihe saß. Dann wurden Menschen überall im Raum geheilt. Sie tat nichts anderes, als die Bratsche so zu spielen, wie Gott sie leitete. Es ist erstaunlich, was Gott tut, wenn man ihn mit Saiteninstrumenten und Gesang preist. Er möchte, daß sein Volk ihn preist.

Zuerst gebrauchte die Frau ihr Saiteninstrument, um den Herrn zu preisen, und dann wurde sie mit einem Mädchen gesegnet, das sie zur Welt brachte. Als ihre Tochter ein Teenager war, gab Gott ihr eine schöne Stimme. Er salbte ihre Stimme, und mit fünfzehn Jahren begann sie, eigene Lieder zu schreiben. Heute ist diese junge Dame genau wie ihre Mutter. Sie würde überall hingehen, an jeden Ort, wann immer man ihr erlaubte, etwas für Jesus zu tun.

Die Werke des Herrn sind bereits für Sie vorbereitet

Die Werke des Herrn sind großartig, und jeder kann Anteil daran haben, wenn er Gott anbetet und Ihn für das preist, was Er für uns getan hat und für uns tun wird. Wenn Sie Gott anbeten und preisen, so ist es, als ob Sie an Gottes Tisch sitzen, der mit schönen Schüsseln und Speisen im Überfluß gedeckt ist. Alles, was Sie in Ihrem Leben jemals brauchen werden, ist bereits für Sie auf Gottes Tisch angerichtet. Jede Schüssel auf Seinem Tisch ist deutlich beschriftet mit Worten wie Errettung, Heilung, Glaube, Wunder, Befreiung, Erkenntnis, Weisheit.

Das Essen in diesen Schüsseln ist bereits für Sie angerichtet. Sie brauchen niemanden anzustellen, um es vorzubereiten. Es ist bereits angerichtet und bezahlt. Alles, was Sie tun müssen, ist, sich zurechtzumachen, um Platz nehmen und in aller Freiheit vom Tisch Gottes essen zu können, auf dem Er Seine großartigen Werke für Sie durch Sein Wort anbietet.

Sie machen sich dadurch zurecht, daß Sie Ihren Glauben aufbauen und sich die Verheißungen Gottes durch sein Wort aneignen.

> Römer 10,17
> Also ist der Glaube aus der Verkündigung, die Verkündigung aber durch das Wort Christi.

Und Sie machen sich dadurch zurecht, daß Sie Zeit im Gebet verbringen und Anbetung und Lopreis ein Teil Ihres Alltags wird. Beten Sie Gott an, und preisen Sie ihn, wann immer es möglich ist. Wenn Sie dann etwas von Gott benötigen, setzen Sie sich an Seinen Tisch mit großartigen Manieren und mit allem Respekt gegenüber Seinem Wort und den darin enthaltenen Verheißungen. Sie werden Ihre Serviette auf Ihren Schoß legen und sich gerade hinsetzen. Dann werden Sie umherschauen und sagen: „Würdest Du mir bitte die Heilungsschüssel herüberreichen?“ Sobald Sie die Schüssel erhalten haben, werden Sie sich in aller Freiheit bedienen und in aller Freiheit von der Schüssel des Wortes Gottes essen. Und natürlich werden Sie das Wort Gottes, wenn Sie es essen, mehr und mehr genießen, egal um welches Thema es gehen mag.

Ihr Lebensstil wird davon abhängen, welche Nahrung Sie zu sich nehmen. Wenn Sie krank sind und nicht wissen, wie Sie geheilt werden können, oder wenn Sie nicht geheilt wurden, liegt es daran, daß Sie Gottes Heilungsverse des Neuen Testamentes nicht gegessen haben.

„Bruder Norvel, ich habe sie gelesen.“ Lesen Sie nicht nur, essen Sie! Sinnen Sie darüber nach und machen Sie diese Verse zu einem Teil von sich! „Aber, Bruder Norvel, ich brauche ein Wunder“, sagen Sie. Setzen Sie sich an den Tisch Gottes, indem Sie Ihn anbeten und preisen. Zeigen Sie Seinem Wort gegenüber Respekt, und sagen Sie, so wie es sich gehört: „Bitte reiche mir die Wunderschüssel herüber. Ich brauche eine große Portion!“ Greifen Sie in die Wunderschüssel, und nehmen Sie sich, was Sie brauchen. Essen Sie soviel, wie Sie können, Wunder gehören Ihnen! Gott hat wunderwirkende Kraft, und sie ist ein Geschenk an die Gemeinde.

Der Herr sagte zu mir: „ Mein Sohn, viele Menschen können nicht empfangen, weil sie in einem ganz und gar unmöglichen Zustand an meinem Tisch Platz nehmen, um zu essen. Sie haben ihren Glauben nicht aufgebaut, ihr Gebetsleben ist kläglich, und sie haben Mühe, Zeit in Anbetung und Lobpreis zu verbringen.“ Der Tisch ist gedeckt, und alles ist durch Jesus Christus bereitgestellt, damit Sie ein Leben im Überfluß haben (Johannes 10,10). Also essen Sie alles, was Sie brauchen, durch das Wort Gottes. Es ist alles im Wort Gottes enthalten.

Gott sagte mir: „Es gibt nur einen Grund, warum die Menschen, die an meinen Tisch kommen, um zu essen, nichts empfangen: Sie haben schlechte Manieren. Sie sitzen halbtot am Tisch, schauen herüber zur Heilungsschüssel, hoffen, geheilt zu werden, und fragen sich dabei: ‚Wird es auch bei mir klappen?‘“

Falls Sie auch so denken, werden Sie Ihr Wunder nicht empfangen! Erneuern Sie Ihren Verstand durch das Wort Gottes. Sie haben den Verstand Christi! Wenn Sie das tun, werden Sie mit Respekt am Tisch Gottes Platz nehmen und sagen: „Preis dem Herrn! Durch die Striemen auf dem Rücken Jesu ist meine Heilung bezahlt. Bitte reiche mir die Heilungsschüssel herüber!“ Dann werden Sie die Schüssel nehmen, Ihren Teller füllen und essen. Während Sie essen, werden Sie jeden einzelnen Bissen kauen. Sie werden jeden Bissen froh zu sich nehmen und werden Ihre Heilung mit Würde empfangen.

Sie werden nicht kleckern, weil Sie jedes bißchen genießen und nichts verschwenden wollen. Sie wollen jedes Gramm und jeden Bissen. Das nennt man Achtung haben vor den Striemen auf Jesu Rücken. Das nennt man Respekt haben vor den Heilungsversen in der Bibel. Wissen Sie nicht, daß Sie nur das aus der Bibel genießen können, wovor Sie Achtung haben? Sollten Sie die Bibel nicht genauso genießen wie ein Essen im Restaurant oder einen hausgemachten Kuchen mit Nüssen? Also beten Sie Ihn noch mehr an!

Wenn Sie Gott anbeten und preisen, werden Sie nicht nur begehren zu wissen, was Gottes Wort sagt, sondern es wird Ihnen Appetit auf mehr machen, und Sie werden in der Lage sein, mehr und mehr von dem überfließenden Leben zu erfahren, das Er für Sie vorbereitet hat.

Psalm 111,2
Groß sind die Taten des HERRN, zu erforschen von allen, die Lust an ihnen haben.

Kapitel 3

Preisen Sie Gott, und Er wird die Rechnungen bezahlen!

> Psalm 111,5
> Er hat Speise gegeben denen, die ihn fürchten.

Ich möchte, daß wir uns den Psalm 111 noch einmal ansehen und zwar die Verse 3-5:

> Majestät und Pracht ist sein Tun, seine Gerechtigkeit besteht ewig. Er hat ein Gedächtnis gestiftet seinen Wundern, gnädig und barmherzig ist der HERR. Er hat Speise gegeben denen, die ihn fürchten.

Beten Sie keine falschen Götter an

Wenn Menschen keine Furcht davor haben, einen falschen Gott anzubeten, werden sie einfach damit weitermachen. Aber wenn sie es tun, kann es sein, daß sie deshalb nichts zu essen haben. Ganze Ländern müssen hungern, weil sie Gott nicht anbeten. Sie beten Gott einfach nicht an. Würden diese Menschen sich vor Gott beugen und Ihn ohne Scham anbeten, garantiere ich Ihnen, daß schon nach wenigen Tagen Regen fiele und die Früchte anfingen zu wachsen. Wenn sie dann fortfahren würden, Gott anzubeten, würde es nicht lange dauern und sie hätten so viel Nahrung, daß sie diese an andere Nationen verkaufen könnten. Sie hätten Überfluß an Nahrung.

Erinnern Sie sich daran: Gott wird sich nur eine bestimmte Zeitlang damit abfinden, daß Menschen Ihn ablehnen und sich weigern, Ihn anzubeten und Seinen Namen zu verherrlichen. Gott ist voller Gnade, Barmherzigkeit und Verständnis (Psalm 86,15; 147,5). Manchmal wird Er sich mit dem, was Menschen Jahr für Jahr tun, sogar hunderte von Jahren abfinden. Doch eine Nation kann nicht auf Dauer den Herrn Jesus Christus ablehnen und Ihn nicht anbeten und preisen – nachdem Er sein Blut durch sein Leiden am Kreuz für alle Menschen vergossen hat –, ohne daß der Teufel große Zerstörung im Leben der Menschen dieser Nation anrichtet. Solche Menschen nehmen Gott nicht einmal wahr. Sie nehmen nur einige dumme falsche Götter wahr.

Können Sie sich beispielsweise vorstellen, daß es möglich wäre, daß die gesamte Menschheit einen falschen Gott wie Buddha anbetet? Ich denke, ich würde jemanden finden, der ein bißchen besser aussieht als Buddha, wenn ich einen anderen Gott, außer Jesus, anbeten würde. Ich meine, wenn Sie schon betrogen werden, dann sollten Sie wenigstens auf eine nettere Art betrogen werden. Wie Menschen Buddha anbeten können, geht einfach über mein Vorstellungsvermögen. Ich nehme an, sie tun das, weil ihre Eltern es ihnen beigebracht haben. Alles vermehrt sich nach seiner eigenen Art.

Erleben Sie Sein Leben im Überfluß

Sind Sie gesund? Wird Ihren Nöten begegnet? Sind Sie bereit, zu tun, was Gott sagt, auch wenn es bedeutet, auf die Straße zu gehen und Traktate auszuteilen? Bedeutet Ihnen Geld etwas? Wenn Sie diese Fragen mit Nein beantworten müssen, sind sie des kostbaren, überfließenden Lebens in Jesus beraubt worden. Sie mögen sagen: „Ich glaube nicht, daß ein Christ viel Geld haben sollte." Falls Sie das glauben, sind Sie beraubt. Es gibt Menschen, die glauben noch nicht einmal, daß diese Wahrheit in der Bibel zu finden ist. Sie haben keine normale Vorstellung davon, was sie nach Gottes Willen alles erleben sollen. Sie sind jahrelang in die Gemeinde gegangen, aber geistlich gesehen sind sie so leer, wie man nur leer sein kann.

Es sind gute Menschen, die in die Gemeinde gehen und sagen: „Ich liebe den Herrn, ich liebe den Herrn, ich liebe den Herrn.“ Und sie lieben den Herrn wirklich. Doch sie haben keine normale Vorstellung von dem kostbaren Leben, das Jesus für sie zur Verfügung gestellt hat. Ich kenne viele Menschen, die so sind. Und es sind auch nette Leute. Ich habe sie zu Hause besucht und mit Ihnen gegessen. Ich liebe sie alle, jeden einzelnen von ihnen. Es sind kostbare Menschen. Doch wenn ich anfing, mit ihnen über das Leben im Überfluß zu sprechen und zu ihnen sagte: „Der Heilige Geist möchte, daß Sie eine Millionen Dollar verdienen“, ist ihnen beinahe der Kragen geplatzt!

Ich möchte, daß Sie sich den Psalm 112 ansehen. Es kann sein, daß Sie noch nicht soweit sind, diese Verse zu verstehen, aber ich möchte trotzdem, daß Sie ihn lesen.

> Psalm 112, 1-3
> Halleluja! Glücklich der Mann, der den HERRN fürchtet, der große Freude an seinen Geboten hat! Seine Nachkommenschaft wird mächtig sein im Land. Das Geschlecht der Aufrichtigen wird gesegnet werden. Vermögen und Reichtum wird in seinem Haus sein, und seine Gerechtigkeit besteht ewig.

Jesus möchte, daß Sie ein Leben in Überfluß haben! Es ist niemals Gottes Wille, daß Sie arm sind oder in Armut, Verwirrung und Krankheit leben. Das ist nicht der Wille Gottes für die Menschheit.

Ich sage Ihnen, wenn Sie sich einfach nur vor Gott beugen und Ihn anbeten, wenn Sie Ihrem Mund erlauben, Seinen Namen zu preisen und zu verherrlichen, dann werden Sie befreit werden.

Sie können fernab leben, wenn Sie wollen – fernab von dem, wo Sie leben könnten. Sie können sich im Schoß der Religion suhlen, wenn Sie wollen. Viele Menschen tun das, auch wenn es gute Menschen sind, die den Herrn lieben. Doch wenn diese guten Menschen den Herrn lieben, warum bekommen sie dann nicht das Beste von Gott? Sie werden niemals imstande sein, das Beste von Gott zu bekommen, bis sie sich vor Gott beugen, indem sie Ihn anbeten und Seinen Namen preisen.

Lassen Sie es zuerst Ihrer Seele gutgehen

Als ich anfing, Zeit darauf zu verwenden, den Herrn anzubeten, begann für mich und meinen Dienst Geld zu fließen. Ich erinnere mich, wie ich einmal durch ein Geschäft zu finanziellem Segen gekommen bin. Als ich an diesem Morgen in die Rechtsanwaltskanzlei ging, um die Papiere zu unterzeichnen, sagte ich zu Jesus: „Ich weiß, daß ich eine viertel Millionen Dollar verdienen werde, wenn ich diese Papiere unterschreibe. Warum hast du das für mich getan? Ich brauche es noch nicht einmal."

Er antwortete: „Du hast meinen Test bestanden." Ich fragte: „Den Test bestanden? Was meinst Du damit, daß ich Deinen Test bestanden habe? Ich bin auch nicht besser, als jeder andere." Er sagte: „Du hast meinen Test bestanden. Deine Seele ist gesättigt. Du hast Zeit damit verbracht, mich anzubeten, und hast acht Jahre lang mit einer Frau zusammengearbeitet, die im Ehebruch lebte. Acht Jahre Barmherzigkeit und acht Jahre Liebe erforderten eine Belohnung." Dann erinnerte Er mich: „Wer hat dich denn angerufen, damit du dieses Geschäft abschließen konntest?" Ich begann mich zu erinnern: „Laß mich nachdenken – ja, es war diese Frau." Er sagte: „Ja, während sie acht Jahre lang mit einem verheirateten Mann in Ehebruch lebte, hast du mit ihr über den Himmel geredet. Du hast sie damit so hungrig nach dem Himmel gemacht, daß sie schließlich ihren Liebhaber aufgab und errettet wurde. So funktioniert das. Du hast es deiner Seele zuerst gutgehen lassen." Gott beschreibt das in seinem Wort wie folgt:

> 3. Johannes 2
> Geliebter, ich wünsche, daß es dir in allem wohlgeht und du gesund bist, wie es deiner Seele wohlgeht.

In einer anderen Schriftstelle drückt Er es anders aus:

> Matthäus 6,33
> Trachtet aber zuerst nach dem Reich Gottes und nach seiner Gerechtigkeit! Und dies alles wird euch hinzugefügt werden.

Wenn Sie Ihn zuerst suchen, so wird er Ihnen Seinen überfließenden Segen geben. Sie sagen vielleicht: „Bruder Norvel, Gott gibt mir Seinen überfließenden Segen nicht." Es wird einen Grund geben, warum Er es nicht tut. Lassen Sie mich eine Frage stellen: „Nehmen Sie sich jeden Tag Zeit, Gott anzubeten? Loben Sie Gott den ganzen Tag über mit Ihrem Mund?" Wenn Sie das tun, wird Gott Seine Kraft für Sie geben.

Gott kümmert sich um die Nöte im Dienst

Vor einiger Zeit war ich auf einer Konferenz mit einem sehr bekannten Fernsehevangelisten. Während dieser Zeit unterhielten wir uns, und er erzählte mir, daß sein Dienst einige Probleme hätte. „Ich habe Probleme, meine Rechnungen zu bezahlen, Norvel. Seitdem all die Skandale um die Fernsehprediger ans Licht gekommen sind, wollen einige Fernsehsender unsere Sendungen nicht mehr ausstrahlen. Ich habe wirklich Probleme."

Am Ende der Konferenz gab es ein großes Bankett. Ich wurde angerufen, und man bat mich, an diesem Tag oben auf der Bühne Platz zu nehmen, und ich sagte zu.

Dann kam einer der Verantwortlichen auf mich zu und sagte: „Norvel, wir sind sehr weit im Rückstand."

„Was meinst Du?"

„Wir müssen einige tausend Dollar in diesem Opfer einsammeln, um überhaupt unsere Rechnungen für diese Konferenz bezahlen zu können. Das ist das letzte Treffen. Warum betest Du nicht und fragst Gott, ob Er nicht möchte, daß Du heute abend das Opfer für uns erhebst?"

„Ich werde beten, aber im Moment spüre ich nichts."

Ich weiß, daß Gott mich manchmal beruft, so etwas zu tun, und ich habe nichts dagegen, wenn der Geist Gottes es möchte. Also betete ich, doch ich spürte nichts, weder dafür noch dagegen.

Kurze Zeit später kam der Mann wieder und sagte: „Norvel, denkst Du, daß Du das Opfer für uns erheben kannst?"

„Nicht unbedingt", sagte ich. „Wenn Du Dich vom Herrn so geleitet fühlst, dann erhebe das Opfer selber. Wenn Du nicht das Empfinden hast, daß Du es tun solltest, werde ich es für Dich erledigen."

So dauerte es nicht lange, bis er mich vorstellte. Der Fernsehevangelist war der Sprecher an diesem Abend und saß direkt neben mir auf der Bühne. Ich ging zum Rednerpult und erzählte den Leuten, daß ich früher manchmal Probleme gehabt hatte, meine Rechnungen zu bezahlen, bis der Herr zu mir sprach und mir mein Versäumnis klarmachte. Dann teilte ich einiges von dem mit, was ich in diesem Buch geschrieben habe:

„Der Herr sagte mir: ‚Du betest mich nicht genügend an. Du reist im Land umher und verbreitest Deine eigenen Lehren und tust Deine eigenen Dinge.'" Dann sagte ich ihnen: „Wenn Sie also im Land umherreisen und Ihre eigene Lehre verbreiten, Ihren eigenen Dingen nachgehen, Ihre eigenen Predigten halten und Ihre eigenen Gebete sprechen, wird Gott Sie auch Ihre eigenen Rechnungen bezahlen lassen. Es wird viele Jahre dauern, bis Sie das Geld für ein neues Gebäude gesammelt haben. Er wird nichts dafür tun. Sie werden praktisch in jeder Gemeindegruppe, in die Sie kommen, betteln müssen. Sie werden eine Spendenaktion durchführen und Ihren Mitgliedern zusetzen, um sie dazu zu bewegen, Geld für diese großartige Sache Gottes zu spenden. Aber der Herr hat mir gesagt, daß ich alles, was die Bibel anbietet, haben kann, wenn ich Ihn anbete. Für diese Konferenz werden einige Tausend Dollar benötigt, um die Rechnungen zu bezahlen, doch das ist für Gott kein Problem." Dann sagte ich: „Wissen Sie, was wir tun werden? Wir werden Gott an diesem Ort anbeten, und Gott wird Seine Rechnungen begleichen. Er selbst wird sich Ihnen beweisen."

Wir fingen also an, Gott zu preisen. Während wir das taten, kam plötzlich der Geist Gottes auf mich, und Gott ließ eine Botschaft in Sprachen aus meinem Inneren hervorsprudeln. Ich weinte vor Gott, und nachdem ich die Botschaft in Sprachen weitergegeben hatte, kam ein anderer Mann und legte sie aus. Der Evangelist fing an zu weinen und zu schreien. Er weinte und weinte und mit ihm noch viele andere. Ich forderte die Menschen auf, Gott bezüglich des Opfers gehorsam zu sein. Weil sie Gott angebetet hatten, gaben sie ein großzügiges Opfer. Am Ende fiel dieses Opfer viel höher aus, als es notwendig war. Die Rechnungen für die Konferenz wurden bezahlt, und es war sogar noch Geld übrig. So etwas ist keine große Sache für Gott!

Nachdem ich das Opfer erhoben hatte, klopfte ich dem Evangelisten auf die Schulter und sagte: „Gott segne Dich." Er schluchzte immer noch. Dann wurde er vorgestellt, und als er am Rednerpult war, sagte er: „Am nächsten Montag morgen wird es eine Veränderung im Hauptsitz meines Dienstes geben. Um 8.00 Uhr morgens, wenn sich alle Angestellten eingefunden haben, werden wir den Tag damit beginnen, Gott anzubeten." Als er das sagte, wußte ich, daß diese Zeit der Anbetung sehr wertvoll für sie sein würde. Wenn Menschen bereit sind, zusammen Zeit in Anbetung und Lobpreis zu verbringen, wie sie es tun wollten, können sie erwarten, daß Gott in ihrer Mitte ist – und auch ihre Rechnungen werden bezahlt!

Wenn Sie Gott während der Erhebung eines Opfers anbeten, können Sie geben, was Sie wollen. Doch wenn Sie sich wirklich in Anbetung vor Gott beugen, werden *Sie* den Wunsch haben, Gott etwas zu geben. Sie brauchen niemanden, der Druck auf Sie ausübt. Verstehen Sie das? Beten Sie Gott an, und Sie werden Gott etwas geben wollen. Es wird ein Vorrecht für Sie sein, Gott etwas zu geben. Sie werden so sein, wie Jesus gesagt hat: „...umsonst habt ihr empfangen, umsonst gebt" (Matthäus 10,8). Sie werden Gott umsonst etwas geben, weil Sie Ihn lieben und Ihn anbeten.

Ich habe Neuigkeiten für Sie: Wenn Sie Gott umsonst etwas geben, wird Er Ihnen umsonst zurückgeben. Die einzige Schwierigkeit, die sie bekommen können ist, daß Gott alles, was er Ihnen zurückgibt, vielfach multipliziert. Das ist seine Art, Sie zu segnen wie nie zuvor!

Als die Mitarbeiter dieses Dienstes taten, was der Evangelist angekündigt hatte, und Gott regelmäßig anbeteten, fingen sie an, Siege zu sehen wie nie zuvor. Das Gleiche wird Ihnen passieren, *wenn* Sie den Herrn Jesus Christus auf dieselbe Art und Weise anbeten und preisen.

Anbetung bringt Sie aus Schulden heraus

Eines der wichtigsten Dinge auf der Welt ist es, zu lernen, wie man den Herrn preist. Haben Sie keine Angst davor, den Herrn zu preisen. Seien Sie bereit, zu lernen, Ihren Gott zu preisen. Es ist bemerkenswert, was in Psalm 112,1 steht:

> Preis den HERRN! Gesegnet ist der Mann, der den HERRN fürchtet, der große Freude an seinen Geboten hat (teilweise wörtlich aus dem Englischen)!

Ich hätte Angst davor, Gott nicht zu preisen. Nachdem ich die Bibel so viele Male studiert habe, weiß ich, wie wichtig es Gott ist, daß wir bereit sind, diese spezifische Zeit vor Ihm zu verbringen. Ich habe herausgefunden, daß ein Fluch auf mich kommen kann, wenn ich Gott nicht anbete und lobe.

„Was meinen Sie damit, daß ein Fluch auf mich kommen kann, Bruder Norvel?“ mag jemand fragen.

Also, nicht genug Geld zu haben, um die Rechnungen bezahlen zu können, oder mich mit allen möglichen Problemen herumschlagen zu müssen, wäre für mich ein Fluch. Als Gläubige haben wir Schwierigkeiten, aus denen der Herr uns gemäß Psalm 34,19 befreit. Doch ich habe festgestellt, wenn ich keine Zeit damit verbringe, den Herrn anzubeten und zu preisen, habe ich letztlich allezeit Probleme ohne Ende. Dann habe ich keine vollkommene Freiheit oder Sieg.

Vor einigen Jahren war ich bei einer anderen Konferenz auf Hawaii. Ein Mann kam auf mich zu und wollte ein Seelsorgegespräch. Er sagte: „Ich gehe hier in diese Gemeinde, Bruder Norvel, und ich brauche wirklich dringend Seelsorge. Können Sie mir helfen?“ Dann erzählte er, worum es ging.

„Ich habe drei Kinder und bin seit zwei Jahren arbeitslos. Ich habe 15.000 Dollar Schulden, und alle meine finanziellen Reserven sind erschöpft. Ich habe auf den Zuckerplantagen hier auf Hawaii gearbeitet. Doch die großen Konzerne sind gekommen und haben alles übernommen. Kleine Firmen wie meine können keine Arbeit mehr bekommen. Ich habe einige große Maschinen herumstehen, aber seit zwei Jahren hat sich kein Rad mehr bewegt. Ich habe kein Geld für Nahrung, also mußte ich mir Lebensmittelkarten besorgen, und ich tue, was ich kann. Meine eigenen Kinder bitten mich um Geld, damit sie mit den anderen Kindern mittags zusammen essen können, und ich muß ihnen sagen, daß ich das Geld nicht habe. Wissen Sie, da fühlt man sich als Vater wirklich schlecht, wenn man zu den eigenen Kindern Nein sagen muß. Aber ich kann es ihnen nicht geben, wenn ich es nicht habe. Meine Freunde haben mir Geld geliehen, doch ich kann mir nicht noch mehr borgen. Können Sie mir helfen, Bruder Norvel?"

„Ob ich Ihnen helfen kann? Ich kann Ihnen sagen, wie Sie reich werden können!"

„Wirklich?"

„Ja, wirklich, aber Sie müssen mir zuhören. Sie müssen zuhören und tun, was das Wort Gottes sagt." Danach nahm ich die Bibel und sagte: „Lassen Sie uns sehen, was Jesus gesagt hat." Wir schauten uns Markus 11,23 an, wo Jesus sagt:

> ...Wer zu diesem Berg sagen wird: Hebe dich empor und wirf dich ins Meer! und nicht zweifeln wird in seinem Herzen, sondern glauben, daß geschieht, was er sagt, dem wird es werden.

Dann sagte ich zu ihm: „Ihre ganze Welt ist begrenzt durch das, was Sie sagen. Alles, was Sie mir gesagt haben war: ‚Ich tue nicht, ich kann nicht, ich bin pleite, ich bin besiegt.' Sie sagen nicht das Richtige und werden immer pleite sein, wenn Sie in dieser Weise weiter reden. Sie müssen Ihre Sichtweise über Ihr Leben Tag für Tag verändern. Sie müssen Ihre Maschinen in Ordnung bringen und sich für die Arbeit bereit machen. Ich breche die Macht des Teufels über Ihnen und die Macht, die in finanziellen Dingen gegen Sie steht. Wir binden den Teufel und verjagen ihn in Jesu Namen."

Dann erzählte ich ihm, wie er den Konzernen befehlen sollte, ihn anzurufen und ihm einige große Aufträge zu geben, die er erledigen sollte.

„Ich möchte, daß Sie damit beginnen, folgendes auszusprechen: ‚Ihr großen Konzerne, ich spreche zu euch und befehle euch in dem Namen Jesu, mich anzurufen und mir einige Aufträge anzubieten.' Sagen Sie nicht ‚Auftrag' im Singular, sagen Sie ‚Aufträge'. Und sagen Sie nicht ‚kleine Aufträge'. Das ist töricht. Sagen sie ‚große Aufträge'."

„Aber, Norvel, sie werden mich nicht anrufen, weil sie nicht mehr mit Selbständigen zusammenarbeiten."

„Halten Sie Ihren Mund! Sie haben 15.000 Dollar Schulden, erinnern Sie sich? Ihre Maschinen haben sich seit zwei Jahren nicht mehr bewegt. Fangen Sie in Jesu Namen an, die Arbeit kommen zu sehen."

Das ist die Wahrheit. Es kann sein, daß Sie es hassen, Menschen die Wahrheit zu sagen, weil es liebe Menschen sind und die Wahrheit so hart sein kann. Aber manchmal müssen Sie das tun. Das, was ich weiß, habe ich von Gott gelernt. Ich bin selbst nicht so schlau, aber ich habe es gelernt, dem Herrn zu gehorchen.

Dann sagte ich zu dem Mann: „Jetzt möchte ich, daß Sie mir zuhören und tun, was ich Ihnen sage. Ich möchte, daß wir uns zusammen vor Gott niederknien. Ich bringe Ihnen bei, wie man Ihn anbetet. Wir werden zusammen Jesus anbeten, ohne Scham. Sie müssen anfangen, den Herrn jeden Morgen anzubeten. Lernen Sie, Ihn mit Ihrem Mund zu preisen. Bevor Sie anfangen können zu glauben, daß Gott Ihnen hilft, müssen Sie anfangen, Ihm für alles zu danken, was Er ist. Nehmen Sie sich jeden Tag Zeit, Ihn anzubeten. Schauen Sie auf zu Ihm in Anbetung und Lobpreis. Danken Sie Ihm für alles, was er für Sie getan hat. „Na ja, Norvel", sagte er, „ich tue das manchmal. Ich tue es in der Gemeinde."

„Aber Sie müssen anfangen, jeden Tag mit dem Herrn zu reden. Warten Sie nicht, bis Sie in der Gemeinde sind, um Ihn anzubeten."

Er hörte mir zu und war bereit, sein Leben zu verändern und seine Augen auf den Herrn zu richten. Einige Jahre später traf ich ihn wieder.

„Norvel", sagte er, „ich werde niemals vergessen, was Sie mit mir besprochen haben. Vor Jahren haben Sie mir gesagt, ich müßte Gott jeden Morgen anbeten und Ihn preisen, damit sich meine Lebensumstände ändern."

„Ja, das ist richtig, das habe ich Ihnen gesagt."

Er hatte also damit begonnen, Gott ohne Scham anzubeten. Er hatte Gott gedankt für alles, was Er getan hatte, und alles, was Er in seinem Leben noch tun würde. Er hatte sich sogar mit seiner Frau zusammengetan, und gemeinsam hatten sie sich vor Gott gebeugt und Ihn angebetet.

Nachdem sie dies getan hatten, begann er zu sprechen: „Ihr großen Konzerne, ihr ruft mich an und bietet mir einige Aufträge an – in dem Namen Jesu.“ Zusammen mit seiner Frau tat er das fünf Monate lang, aber nichts passierte. Im fünften Monat stand er eines Morgens, nachdem er angebetet hatte, von seinen Knien auf, und das Telefon klingelte. Es war jemand von einem der großen Konzerne. „Wir haben gehört, daß Sie einige landwirtschaftliche Maschinen für die Zukkerplantagen haben“, sagte der Mann. „Wir möchten Sie bitten, in unser Büro zu kommen, um mit uns zu reden.“

Als er sich mit ihnen in ihrem Büro traf, sagten sie: „Es ist etwas passiert, und wir brauchen einige zusätzliche Arbeiter. Wir haben einen Vertrag vorbereitet und geben ihnen 80.000 Dollar, wenn Sie mit Ihren Maschinen etwa sechs Wochen lang für uns arbeiten.“ Er unterschrieb den Vertrag, machte seine Arbeit und kassierte das Geld. Während der ganzen Zeit fuhr er fort, den Herrn zu preisen und Gott dafür zu danken. Ich hatte ihm gesagt: „Wenn Sie anfangen, das Geld zu bekommen, müssen Sie Gott weiter dafür danken.“

Bevor die sechswöchige Arbeit vorüber war, riefen sie ihn wieder an und sagten: „Wir möchten Ihnen einen weiteren Auftrag über 80.000 Dollar anbieten.“ Und das taten sie.

„Ich beuge mich jetzt jeden Tag vor Gott“, sagte er. „Ich habe das nie zuvor in meinem Leben getan, aber ich weiß, daß Gott meine Quelle ist. Lobpreis und Anbetung haben mich vollständig aus dem Tief herausgeholt. Nach zwölf Monaten hatte ich meine Schulden in Höhe von 15.000 Dollar bezahlt! Heute zahle ich meinen Zehnten in die Gemeinde. Zu diesem Zeitpunkt habe ich 40.000 Dollar auf meinem Sparbuch, und der nächste Auftrag im Wert von 80.000 Dollar folgt, wenn dieser Job getan ist.“

Ein weiteres Jahr später sprach ich mit seinem Pastor, als ich als Gastredner in dieser Gemeinde war. Der erzählte mir: „Norvel, Sie haben ihm gesagt, was er tun soll, und dieser Mann zahlte im letzten Jahr 65.000 Dollar Zehnten in die Gemeinde!“

Nun stellen Sie sich diese Dimensionen vor! Erst eineinhalb Jahre zuvor war dieser Mann nicht in der Lage, seinen Kindern Geld fürs Mittagessen zu geben. Er war total pleite. Er war ein netter Kerl, aber er wußte nicht, was er tun sollte. Er hätte auch einfach in seinem Tief bleiben können, bis er gestorben wäre. Er hätte auf dem Weg dahin noch seine Frau und seine Familie verlieren können. Er hätte alles verpfuscht, bis jemand gekommen wäre und ihm die Wahrheit erzählt hätte. Doch als er die Wahrheit gehört hatte, war er bereit, darauf zu reagieren. Er nahm sich Zeit, den Herrn zu suchen. Er warf sich vor Gott auf sein Angesicht. Er verbrachte Zeit damit, den Herrn anzubeten und zu preisen – und Gott begegnete ihm dort!

Kapitel 4

Gottes Bund mit Ihnen

> Psalm 111,5
> Er hat Speise gegeben denen, die ihn fürchten. Er gedenkt in Ewigkeit Seines Bundes.

Als ich einmal in Los Angeles war, kam eines Morgens der Geist Gottes auf mich und fing an, mir Offenbarungen über Gottes Bund mit den Menschen zu geben. Er sagte: „Ich habe einen Bund mit der Menschheit geschlossen, mein Sohn. Sie haben ihn nicht mit mir geschlossen, ich habe ihn mit ihnen geschlossen. Ich bin ihr Gott, und sie sind meine Kinder (3.Mose, 26,12). Wenn Sie hineintreten in den Bund, den ich gemacht habe, und meine Kinder werden, werde ich große und mächtige Dinge für sie tun. Ich werde ihr Gott sein, und sie können alles, was in der Bibel beschrieben ist, haben, wenn sie es wollen. Aber sie müssen mich anbeten!"

Dann sagte Er: „Ich selbst werde mich dir heute in dem Gottesdienst, den du besuchen wirst, beweisen. Sprich über die Kraft, die im Lobpreis und in der Anbetung ist. Rufe mich einfach an, und ich werde mich dir beweisen. Mein Wort wird den Test bestehen. Sowohl mein Wort, als auch ich selbst werden das Feuer bestehen."

Gott hat eine Botschaft des Sieges, und Sie werden Sieg haben durch Jesus Christus. Verstehen Sie das? Sie werden Sieg haben durch Gebet und durch Glauben an Ihn. Sie sagen: „Ich glaube, Bruder Norvel, ich glaube." Ja, Sie mögen glauben; aber die Frage, die Gott der Menschheit stellt, ist: „Reicht ihr Glaube, um mich anzubeten?"

Er fuhr fort: „Ich werde mich selbst durch das Wirken meiner Kraft an unfruchtbaren Frauen in diesem nächsten Gottesdienst beweisen. Ich möchte sie als ein Beispiel in diesem Gottesdienst gebrauchen. Ich könnte jeden und alles als ein Beispiel gebrauchen; doch weil ich möchte, daß sie alle den Sieg haben, gebrauche ich sie. Ich möchte, daß sie begreifen, daß ich jedem Menschen auf dieser Erde Sieg versprochen habe, der bereit ist, Zeit damit zu verbringen, mich anzubeten und zu loben. Jeder Mensch, jede Denomination oder jede Gemeinde, die den Bund, den ich mit ihnen gemacht habe, nicht bricht, kann alles haben, was sie will.

Überall versuchen Menschen dies und das zu tun, aber sie verbringen keine Zeit damit, Gott anzubeten und zu loben. Sie haben eine Menge Probleme und einen Haufen Wünsche, die sie von Gott erfüllt haben wollen, aber sie müssen in eine andere Dimension der Hingabe an Gott hineinkommen, als sie es bis jetzt kennen. Dank sei Gott, für alles, was sie schon wissen, aber Gott sagt, sie müssen in eine andere Dimension der Hingabe hineinkommen, eine Dimension der täglichen Anbetung und des täglichen Lobpreises Gottes.

Nachdem Gott mir gesagt hatte, was Er in dieser Versammlung tun würde, tat ich, was Er gesagt hatte. Ich rief alle unfruchtbaren Frauen nach vorne, und sie kamen. Sie fingen an, Gott zu preisen, und standen um den Altar dieser großen Kirche herum. Während wir Ihn anbeteten, kam der Geist Gottes in einer mächtigen Weise auf uns, und die Herrlichkeit Gottes füllte das Heiligtum. Gott möchte unfruchtbaren Frauen, falls nötig, eine neue Gebärmutter geben.

Eine Prophetie über Seinen Bund

Bereits vor diesem Teil des Gottesdienstes hatten wir eine Zeit echter Anbetung und echten Lobpreises. Das war der Moment, wo der Geist der Prophetie sich ausbreitete und die Worte des Herrn ausgesprochen wurden. Wissen Sie, wenn das geschieht, kann der Heilige Geist der Versammlung Ihre Predigt vorlesen. Er kann den Anwesenden Ihre Predigt erzählen, bevor Sie auch nur ein Wort gesagt haben!

Der Mann, den Gott gebrauchte, das prophetische Wort zu bringen, wußte überhaupt nicht, worüber ich sprechen wollte. Ich hatte noch gar nichts gesagt. Ich hatte die unfruchtbaren Frauen noch nicht nach vorne gerufen. Ich hatte ihnen noch nichts über den Bund Gottes erzählt, den Er mit der Menschheit geschlossen hat. Aber genau das wurde in der Prophetie ausgesprochen. Ich möchte Ihnen dieses Wort des Herrn, das der Mann in der Versammlung gab, mitteilen. Achten Sie genau darauf, was Er uns über Seinen Bund mit uns sagt.

„So wie Adam mit mir im Garten wandelte", spricht der Geist des lebendigen Gottes, „suche ich nach Menschen, die mich anrufen und zu mir schreien und mich anbeten", spricht der Geist der Gnade. „Und wenn ihr eine Atmosphäre des Lobpreises schafft und die Wolken der Herrlichkeit herabzusteigen beginnen, wird der Herr, euer Gott auf den Wolken reiten in Seiner Majestät und wird sein Volk erneut heimsuchen."
Und der Herr sagt: „Suche nicht Erweckung, und halte nicht Ausschau nach einem Durchbruch, sondern suche den König der Könige, und suche mich, weil ich selbst euch heimsuchen will. Ich werde keine Erweckung senden, sondern ich selbst werde kommen, weil ich auf der Suche bin und Ausschau halte auf der ganzen Erde.
„Ich halte Ausschau nach einem Volk, das mich in Geist und Wahrheit anbeten wird, das sich selbst mir hingibt und weiht", spricht der Herr.
„Ich warte auf eine Generation von Menschen, die mit unbeschmutzten Händen und reinem Herzen vor mich kommen werden, die nur mich anbeten und nur mir dienen und sich vor keinem anderen Gott beugen. Ich warte auf Menschen, die zu mir schreien und sich mir nahen, denn ich habe ein Verlangen danach, meine Herrlichkeit zu erweisen, und die Blitzstrahlen meines Donners hervorkommen zu lassen", spricht der Geist.
„Oh, mein Volk, würdet ihr doch einen Bund des Lobpreises und der Anbetung mit mir schließen. Wenn doch nur jemand mit mir in die Höhe käme, so würdet ihr das Gesetz der Sünde und des Todes überwinden.

Ihr sollt in meiner Kraft und Herrlichkeit aufstehen, und ich werde ein Volk haben, das in dynamischer Kraft wandelt und sich in Autorität bewegt; denn die Erde ist mein und all ihre Fülle, und sie gehört nicht dem Teufel. Er besitzt nichts", spricht der Herr.
„*Nun denn, steh auf, mein Volk, tritt ein in den Bund mit mir, bete mich an, und lobe mich.* Ich habe eine Atmosphäre auf dieser Erde geschaffen, die die Dämonen vertreiben wird, damit meine Herrlichkeit offenbar wird.
Oh, mein Volk, spüre meine Gegenwart und erlebe meine Majestät! Denn sie ist ein Vorgeschmack auf das, was kommen wird, wenn ich in den kommenden Tagen meine Herrlichkeit ausgießen werde; und die größte Stunde steht noch bevor.
Darum erkennt und erkennt es mit Gewißheit, ihr seid das Volk, das ich erwählt habe, und ich habe diesen Ort bestimmt, mich mit meiner schöpferischen Kraft anzubeten und zu loben", spricht der Geist des Herrn.

Schließen Sie einen Bund mit Gott

Lesen Sie jetzt sorgfältig. Gott hat einen Bund mit der Menschheit geschlossen. Sie sind ein Mensch, nicht wahr? Dann hat Er einen Bund mit Ihnen geschlossen! Aber Sie müssen sich entscheiden, Ihn anzubeten und zu loben. Nachdem Sie solch ein Wort vom Geist Gottes gehört haben, müssen Sie Ihn wirklich anbeten und preisen!

Preisen Sie den Herrn Jesus Christus mit Ihren Lippen und mit Ihrem Herzen und mit Ihrem Verstand. Füllen Sie Ihr Denken mit Worten der Anbetung und des Lobpreises, heben Sie dann Ihre Hände auf zu Gott und sagen Sie Ihm: „Ich preise Dich, Jesus. Ich liebe Dich, Herr. Du bist mein Herr und mein Gott. Gepriesen sei der Name des Herrn, unseres Gottes, für immer. Ich bete Dich an, ich preise Dich, o mein Herr und Gott. Ich preise Deinen wunderbaren Namen. Danke Herr, Du bist der einzige und lebendige Gott.

O Gott, ich schließe einen Bund mit Dir, daß ich den Namen Jesus preisen und Dich alle Tage meines Lebens anbeten will.

Danke Herr, daß Du mich stark und nicht schwach gemacht hast. Gepriesen seist Du Herr, unser Gott, für immer! Oh, ich bete Dich an, Jesus und preise Deinen heiligen Namen. Danke, Herr, ich bete Dich an und preise Dich in dem Namen Jesu.“

Machen Sie Anbetung zu einem Teil Ihrer Person, so wie Ihr rechter und linker Arm ein Teil von Ihnen sind. Reservieren Sie sich Zeit, Gott anzubeten und zu preisen. Preisen Sie Ihn zuerst eine Weile, und beten Sie Ihn dann an.

Bleiben Sie im Willen Gottes

Wissen Sie, wenn Sie Gott nie anbeten und loben, sind Sie ganz einfach außerhalb des Willens Gottes.

„Was meinen Sie damit, Bruder Norvel, wenn Sie sagen, ich bin außerhalb des Willens Gottes?“ könnten Sie sagen. „Ich gehe zur Gemeinde und liebe den Herrn. Ich bin nicht außerhalb des Willens Gottes.“

Sie glauben es vielleicht nicht, aber Sie leben unterhalb Ihrer Fähigkeiten. Sie leben fernab – fernab von dem, wo Sie leben könnten.

„Aber das ist nicht wahr, Bruder Norvel“, könnten Sie sagen. „Ich lebe nicht fernab. Ich liebe den Herrn. Ich bete, wenn ich in der Gemeinde bin. Ich werde gesegenet durch den Gesang im Gottesdienst. Und ich weine sogar.“ Aber wenn Sie nur im Gottesdienst anbeten und nur gesegnet werden, wenn Sie diese Lieder in der Gemeinde singen, beten Sie Ihn nicht wirklich so an, wie Er es möchte. Und Sie werden niemals fähig sein, das Beste, das Gott für Sie hat, zu genießen.

Sehen Sie, wenn Sie Gott nicht persönlich angebetet haben, haben Sie Ihr Leben nur im Bereich des zugelassenen Willens Gottes gelebt. Doch alles, was Sie brauchen, mein Freund, ist Hingabe, um zu Ihm zurückzukommen. Es ist Ihre eigene Wahl. Sie müssen sich entscheiden, zu Gott zurückzukehren und anzufangen, Ihn anzubeten. Dann haben Sie das Recht, zu beten und Gott um Dinge zu bitten. Wenn Sie versuchen, zu beten und Gott um eine Menge Dinge zu bitten, ohne Ihn jemals anzubeten, werden Sie gewöhnlich ein paar Dinge bekommen, weil Er Sie so sehr liebt. Aber erinnern Sie sich immer daran: Viele Dinge werden Sie niemals bekommen, es sei denn, Sie schließen selbst einen Bund mit Gott. Viele der Segnungen Gottes, die Er für einzelne Menschen – oder die Menschheit oder die Gemeinde – vorbereitet hat, werden niemals zu Ihnen gelangen, es sei denn, Sie machen einen Bund der Anbetung und des Lobpreises mit Ihm. Viele dieser Segnungen werden Sie nie bekommen. Nie!

„Aber ich bete, Bruder Norvel", mag jemand sagen. „Doch es scheint so, als ob Gott mich nicht hört. Ich versuche, ein reines Leben zu führen, Bruder Norvel. Ich liebe den Herrn und ich gebe mein Geld für das Evangelium. Ich weiß nicht, warum Gott mich nicht hört, wenn ich bete."

Nun, das klingt alles ganz gut, aber es klingt religiös, und das ist es wohl auch. Ich rede nicht darüber, religiös zu sein, sondern eine Beziehung zu Gott zu haben. Sie mögen sagen: „Bruder Norvel, ich brauche Hilfe. Ich kann meine Rechnungen nicht bezahlen. Ich bin körperlich krank. Ich bin in einer fürchterlichen Verfassung! Ich brauche die Hilfe des Herrn."

Wir sind die Gemeinde des Herrn Jesus Christus, und Jesus ist das Haupt der Gemeinde. Wenn Sie Gott sagen, wie sehr Sie die Hilfe Seines Sohnes brauchen, so wird Er helfen. Alles, was Sie tun müssen, ist, willig zu sein, sich selbst völlig an Gott hinzugeben.

Entscheiden Sie sich, Ihn anzubeten

Sehen Sie sich einige andere Schriftstellen über Anbetung und Lobpreis an.

> Psalm 95,6
> Kommt, laßt uns anbeten und uns neigen, laßt uns niederknien vor dem HERRN, der uns gemacht hat!
>
> Psalm 99,9
> Erhebt den HERRN, unseren Gott, und fallt nieder an Seinem heiligen Berg! Denn heilig ist der HERR, unser Gott.
>
> Psalm 150,6
> Alles, was Atem hat, lobe Jah! Halleluja!

Gottes Volk soll Seinen Namen für immer und ewig preisen und verherrlichen – solange wir Atem haben, solange wir leben. Das ist für immer und ewig! Preisen und verherrlichen Sie Gott. Alle bösen Dinge, die der Teufel auf Sie gelegt hat, werden verschwinden, und alle Ihre Kinder, die verloren waren, werden ins Königreich Gottes kommen. Jedes von ihnen. Keines Ihrer Kinder muß den Weg in die Hölle gehen, fangen Sie deshalb jetzt an, für sie in den Riß zu treten. Treten Sie in den Riß, wie es in Hesekiel beschrieben wird.

> Hesekiel 22,30
> Und ich suchte einen Mann unter ihnen, der die Mauer zumauern und vor mir für das Land in den Riß treten könnte, damit ich es nicht verheeren müßte; aber ich fand keinen.

Ja, Sie mögen in Schwierigkeiten sein. Preisen Sie Gott, und beten Sie Ihn an! Sie mögen pleite sein. Ich war früher auch schon einmal pleite, ich weiß, wie das ist. Preisen Sie Got, und beten Sie Ihn an!

Sie mögen krank sein. Auch da weiß ich, wie das ist. Als ich ein Kind war, konnte ich ein Jahr lang nicht zur Schule gehen. Ich hatte eine Rippenfellentzündung, und man dachte, ich würde sterben. Ich konnte ein Jahr lang nicht einmal mehr draußen atmen. Meine Mutter legte warme Bügeleisen und Flaschen, gefüllt mit heißem Wasser, an meine Füße, weil der Arzt sagte: „Wenn er sich erkältet, wird er sterben." Doch wie Sie sehen, lebe ich noch!

Eine Vision über mein Leben

Während eines Aufenthaltes in Florida gab mir Gott eine Vision von dem Tag meiner Geburt. Ich war mit einigen Geschwistern in der Fürbitte, und während wir beteten, kam der Geist Gottes über mich, und ich fiel ganz plötzlich auf die Couch. Dann zeigte mir Gott auf der Wand eine Vision. Es war wie eine Leinwand vor mir.

Ich sah mich selbst, zu der Zeit, als ich ein Baby war. Er zeigte mir alles, was jemals mit mir geschehen war. Dann sprach Er zu mir: „Das ist dir passiert, weil der Teufel versucht, dich zu zerstören, seitdem du geboren bist. Doch ich habe dich gesalbt, mein Sohn, als du noch im Mutterleib warst. Sie hat dich mir übergeben, und ich hatte eine Aufgabe für dich, die du für mich tun solltest."

Durch diese Vision lernte ich es zu schätzen, was es heißt, von Gott geliebt zu werden. Jeden Tag danke ich Ihm und preise Ihn so sehr und bete Ihn an für alles, was Er mir bedeutet.

Liebe Eltern, machen Sie es, wie meine Mutter es gemacht hat, und übergeben Sie Ihre Kinder an Jesus. Versprechen Sie Gott, daß Sie Ihm Ihre Kinder weihen werden, wie mich meine Mutter Ihm weihte. Ich verspreche Ihnen, Gott kann Ihnen dann begegnen, und das Leben Ihrer Kinder wird völlig anders verlaufen. Falls nötig, wird Er ein Wunder für Sie tun – ein Wunder! Es spielt keine Rolle, was für ein Wunder. Er kann es tun, wenn Sie es brauchen.

Geben Sie sich Ihm ganz hin

Jesus ist der Wunderwirker. Er möchte, daß Sie das Beste von Gott bekommen. Denken Sie daran, Ihn anzubeten. Warum? Weil Er würdig ist, angebetet und gepriesen zu werden.

> Psalm 97,12
> Freut euch, ihr Gerechten, im HERRN, und preist sein heiliges Gedächtnis!

Oh, beten Sie Gott in Seiner Heiligkeit an, nicht durch Lehrmeinungen. Beten Sie Gott einfach in Seiner Heiligkeit an. Beginnen Sie damit, den Herrn zu preisen, und geben Sie sich Ihm ganz hin. Sagen Sie Jesus, wie sehr Sie Ihn lieben. Sagen Sie: „Herr, ich gebe mich Dir ganz hin. Mein Leib gehört Dir, Jesus. Herr, ich übergebe meine Kinder an Dich."

Wenn Sie verheiratet sind, aber bis jetzt keine Kinder bekommen konnten, übergeben Sie dieses Problem jetzt an Ihn. Sagen Sie Jesus, wie Sie sich fühlen. Sagen Sie: „Herr, zu Deiner Zeit möchte ich Kinder bekommen". Ich verspreche Ihnen, daß Gott Sie nicht unfruchtbar lassen wird. Sie müssen nicht unfruchtbar sein. Richten Sie Ihre Augen auf Ihn, als Ihren Versorger, und übergeben Sie die Zukunft Ihrer Kinder an Ihn. Es gibt keinen Grund zu warten, bis Sie ein Baby erwarten. Übergeben Sie das Kleine jetzt an Ihn, bevor Sie es überhaupt empfangen haben. Sagen Sie: „Herr, alle meine Nachkommen gehören Dir, Jesus, um des Evangeliums willen. Bevor ich schwanger bin, Herr, übergebe ich dieses Baby jetzt an Dich". Der Herr tut andauernd solche Wunder. Es ist für Ihn kein Problem, das zu tun.

„Aber Bruder Norvel, der Arzt sagt, daß mit meiner Gebärmutter etwas nicht stimmt", könnte jemand sagen. Das macht keinen Unterschied. Der Heilige Geist kann Ihnen, falls nötig, eine neue Gebärmutter geben. Er kann all Ihre inneren Organe in Ordnung bringen. Fahren Sie einfach fort, den Herrn anzubeten und zu preisen, fahren Sie fort, mit Ihm zu reden. Der Geist Gottes wird auf Sie kommen und Ihnen dienen. Der Heilige Geist ist kostbar. Schämen Sie sich nicht.

Sagen Sie Gott, was Sie brauchen. Sagen Sie es Ihm jetzt, und werfen Sie Ihre Nöte auf Ihn. Tragen Sie sie nicht mit sich herum. Bringen Sie Ihre Not zu Ihm, und lassen Sie sie dort bei Ihm. Bringen Sie die unbesiegten Dinge Ihres Lebens zu Ihm, legen Sie sie auf den Altar, und lassen Sie sie zu Seinen Füßen liegen.

Sagen Sie folgendes zu Ihm: „Danke, Jesus, daß du mich liebst. Ich will diese ganzen Probleme nicht behalten, Herr. Sie machen mich ganz verrückt, deshalb übergebe ich sie Dir. Ich will sie nicht haben und nicht bekommen, also gebe ich sie Dir, Jesus. Herr, nimm meinen Leib, und mach ihn neu. Nimm meinen Verstand, und mach ihn stark. Ich übergebe Dir meine Kinder. Ich übergebe Dir meine Arbeit und mein Geschäft. Ich werde Dich loben und anbeten, solange ich lebe, im Namen Jesu."

Empfangen Sie das überfließende Leben, das Gott Ihnen anbietet

Gott sagt, daß Er Ausschau hält nach Menschen, die mit Ihm einen Bund der Anbetung und des Lobpreises schließen. Er schaut aus nach Menschen, nach einer Gemeinde, nach einer

Menschheit, die mit Ihm einen Bund schließen wollen. Er hat diesen Bund bereits gemacht und bietet ihn uns an. Ich sage es Ihnen, Er wird diesen Bund nicht brechen. Wir sind diejenigen, die den Bund gebrochen haben, nicht Gott. Wenn Sie mit Gott einen Bund schließen und anfangen, Ihn zu preisen und anzubeten, werden Sie überfließendes Leben haben, das Sie freimachen wird.

„Will Gott das für mich tun?" fragen Sie. Gott will Sie segnen. Er möchte all Ihrer Not begegnen und Ihnen das Verlangen Ihres Herzens erfüllen. Alles, was Gott für mich tut, das tut Er auch für Sie. Alles, was Gott für jeden anderen tut, daß möchte Er auch für Sie tun. Begreifen Sie das!

Gott wird es für Sie tun, doch denken Sie daran: Ohne den Bund, der darin besteht, seinen Namen zu preisen und Ihn anzubeten, ohne die Erfüllung dieses Bundes von Ihrer Seite brechen Sie diesen Bund. Gott will Sie über alle Maßen segnen, und Jesus hat den Preis dafür bezahlt, damit Sie diese Segnungen erhalten können. Wenn Sie Jesus annehmen, aber den Bund der Anbetung und des Lobpreises nicht halten, werden Sie das überfließende Leben Gottes, daß er Ihnen anbietet, nicht erhalten. O ja, Sie werden Segnungen in der Gemeinde empfangen und einige Dinge von Gott bekommen, aber es wird viele, viele Dinge geben, die Sie in Ihrem Leben verpassen werden. Sie werden einfach nicht zur Verfügung stehen, es sei denn, Sie schließen den Bund der Anbetung und des Lobpreises mit Ihm.

Gott hält Ausschau nach Menschen, die diesen Bund mit Ihm schließen wollen. Gott hat seinen Teil des Bundes bereits erfüllt. Er schaut aus nach Menschen, die ihren Teil beitragen. Treten Sie also in den Bund der Anbetung und des Lobpreises ein. Geben Sie Ihm alle Anbetung und allen Lobpreis, den Ihr Herz aufbringen kann. Er ist bereit, Ihre Anbetung in diesem Augenblick zu empfangen. Wenn Sie dann beten, wird die Antwort kommen, und Er wird große und mächtige Dinge für Sie tun!

Kapitel 5

Wenn Ihr Fleisch aufsteht, beten Sie Gott an

> Psalm 29,2
> Gebt dem HERRN die Herrlichkeit seines Namens; betet an den HERRN in heiliger Pracht!

Die Botschaft, die Sie Ihr ganzes Leben gehört haben und die da lautet: Sie müssen zerbrochen werden, anstatt geheiligt zu werden, ist nicht in Übereinstimmung mit dem Wort. Ja, es ist gut für Sie, heilig zu sein. Das sollte in Ihrem Leben an erster Stelle stehen. Doch ich weiß, daß das Fleisch aufstehen und Dinge begehren wird, die Gott nicht gefallen. Auch ich lebe in einem fleischlichen Leib.

Es gibt bestimmte Dinge, die Sie sich wünschen und die jeder gerne mag, und doch können Sie diese Dinge nicht immer haben. Sie wissen, daß Sie sie haben wollen. Manchmal sind diese Wünsche überaus stark. Doch Gott sagt, daß Sie diese Dinge nicht haben dürfen. Wenn das der Fall ist, müssen Sie Nein sagen und davon Abstand nehmen.

Das größte Wort, das Sie zu Versuchungen sagen können, heißt: NEIN! Das größte Wort, das Sie zum Teufel sagen können, heißt: NEIN! Das größte Wort, das Sie jemals zu einem bestimmten Verlangen in Ihrem Leben sagen können, ist ein klares: NEIN! Sie müssen nur NEIN sagen, das ist alles! Der Teufel versteht das Wort NEIN. Wenn er zu Ihnen sagt: „Tu das", müssen Sie einfach nur NEIN sagen! Dann sagt er: „Du weißt doch, eigentlich willst du es tun, mach es doch einfach!" Was sagen Sie? NEIN!

Ich sagte: „NEIN!“

Eines Morgens klingelte es an meiner Tür. Ich öffnete die Tür, und dort stand eine schlanke, wunderschöne blonde Frau. Nachdem Sie hereingekommen war, fragte ich Sie: „Was wünschen Sie?“

„Ich bin gekommen, um Sie zu haben“, sagte Sie.

„Was meinen Sie damit: Mich zu haben?“

„Sie sind doch Junggeselle, oder?“

„O ja.“

„Naja“, sagte sie, „ich weiß, daß Sie einsam sind. Ich bin gekommen, um Ihrer Einsamkeit ein Ende zu machen.“ Durch die Art, wie sie es sagte, wußte ich, daß Sie keine Christin war.

„O wirklich?“

„Ja“, sagte sie, „ich weiß, seitdem Sie Junggeselle sind, sind Sie verpflichtet, allein zu leben. Sind Sie nicht normal?“

„O doch, bei mir ist normalerweise alles in Ordnung.“

„Also, ich bin gekommen, Ihr Verlangen zu stillen.“

„Junge Dame, Sie sollten eines wissen. Ich bin wahrscheinlich genauso normal wie Sie, doch ich kann nicht beides haben, Sie und Jesus. Und ich möchte Sie nicht eintauschen gegen Jesus!“

„Was? Was haben Sie gesagt?“

„Ich sagte: ‚Ich kann nicht beides haben, Sie und Jesus. Und ich möchte Sie nicht eintauschen gegen Jesus!‘“

„Ich verstehe nicht warum“, sagte sie. „Sie können uns beide haben. Ihn haben Sie bereits, und nun bin ich da.“

Doch ich sagte: „NEIN! NEIN!“

„Sie wissen, daß Sie es wollen, Sie sind Junggeselle, also hier bin ich.“

Doch ich fuhrt fort „NEIN! NEIN! NEIN!“ zu sagen. Ich blieb bei meinem Standpunkt und redete solange mit ihr, bis sie das Haus verließ.

Wenn Sie versuchen, solche Menschen zum Herrn zu führen, dürfen Sie sie nicht angreifen. Sie müssen mit ihnen darüber reden, wie sehr Jesus sie liebt. Ich sagte nicht zu ihr: „Sie Parasit, verschwinden Sie aus meinem Haus. Ich sagte: „Ich bin sicher, daß ein hübsches Mädchen wie Sie keine Probleme hat, einen Mann zu finden. Sie sind so hübsch. Doch ich kann das nicht tun, ich kann einfach nicht.“

Sie müssen vorsichtig sein, wenn Sie mit einer solchen Person reden. Wenn Sie irgendeinen Fehler machen, wird sie wild. Und es ist unglaublich, was sie dann zu Ihnen sagen wird! Es gibt viele Frauen, die so sind. Ich gehe zu vielen Treffen, und es gibt viele Menschen in den Hotels und Versammlungszentren und Gemeinden. Meistens wissen diese Frauen nicht, wo ich wohne, doch ab und zu bekommen sie es doch heraus.

Manchmal sehe ich eine Frau in einer Versammlung. Wenn ich dann durch die Lobby des Hotels gehe, sehe ich sie dort sitzen. Ich versuche, über sie hinwegzusehen. Dann gehe ich direkt in mein Zimmer und komme nicht mehr heraus!

Anbetung, ein Mittel gegen Versuchung

Eines Abends ging ich nach der Versammlung durch die Lobby meines Hotels. Mein Begleiter sagte: „Du, Norvel, da ist das wunderschöne Mädchen, daß ich heute abend in der Versammlung gesehen habe. Sie saß in der ersten Reihe. Hast du sie gesehen?“

„O ja. Ich glaube jeder hat sie gesehen, so wie sie gekleidet war.“

„Sie sitzt dort drüben; willst du nicht zu ihr gehen und dich mit ihr unterhalten?“

„Nein, das möchte ich nicht! Aber ich möchte, daß du lernst, wie man sich in einer solchen Situation verhält.“ (Sie saß in der Nähe des Fahrstuhls, und es war schwierig, sie zu übersehen.) Dann sagte ich zu meinem Begleiter: „Wenn wir zum Fahrstuhl gehen, achte darauf, daß du nicht zu ihr hinübersiehst. Laß uns einfach weiterreden und so schnell wie möglich in den Fahrstuhl gehen.“

So redeten wir und redeten und redeten. Nachdem ich den Knopf gedrückt hatte, öffneten sich die Türen des Fahrstuhls und wir gingen so schnell wie möglich in den Fahrstuhl.

„Also, junger Mann, begib dich auf dein Zimmer. Die einzige Chance, einem hübschen Mädchen wie diesem zu entgehen, ist, in deinem Zimmer zu bleiben. Laß Dir nicht vom Teufel erzählen, daß Du in die Lobby hinuntergehen sollst, um dir eine Zeitung zu kaufen. Laß dir von ihm nicht erzählen, daß es gut wäre, aus irgendeinem Grund hinunterzugehen. Genau das, wird er versuchen. Wenn du NEIN zu ihm sagst, wird er es andersherum versuchen. Er wird alles probieren, damit du in die Lobby hinuntergehst und mit ihr redest. Geh nicht hinunter, bleib in deinem Zimmer, und geh nicht ans Telefon. Richte deine Augen auf Gott, und bete den Herrn an. Begib dich auf den Fußboden, und bete Ihn an. Bete ihn einfach an, mehr und mehr.

Achten Sie auf Ihren Umgang

Ich selbst bin nicht schlau. Ich habe die Schule vorzeitig verlassen, und angeblich habe ich überhaupt keinen Verstand. Aber durch Gott bin ich erfolgreich. Er hat mich unglaublich gesegnet! Es ist nicht lange her, da habe ich ein Stück Land verkauft. Ich hatte 90.000 Dollar dafür bezahlt, doch mir wurde viel mehr dafür geboten. Manche Menschen mögen fragen: „Wieviel Geld haben Sie, Bruder Norvel?" Ich weiß es wirklich nicht. Ich habe keine Ahnung. Ich halte mich darüber nicht auf dem Laufenden und kümmere mich wenig darum. Ich lebe ein einfaches Leben, so einfach, wie ich es kann.

Ich war früher einmal im Country Club und in der Luxusgesellschaft und habe herausgefunden, daß sie genauso unecht sind wie der Teufel. Ich möchte mit der Gesellschaft von Reichen nichts mehr zu tun haben. Zu Hause in Cleveland haben Sie versucht, mich in jeden Country Club zu bekommen, und sie wollten, daß ich an allen Wohltätigkeitsveranstaltungen der erfolgreichen Bürger teilnehme. Ich habe mich vor ihnen versteckt! Ich wollte nicht mit ihnen gesehen werden. Wenn ich mich an solchen Orten aufhalten würde, würden alle vernachlässigten anwesenden Damen versuchen, meine Aufmerksamkeit zu erlangen. Weil sie jemanden brauchen, der sich um sie kümmert, bemühen sie sich um jeden Mann, von dem sie denken, er könne ihre Wünsche und Begehren erfüllen. Ich weiß, daß das passiert, bevor ich überhaupt dort hingehe, und möchte damit nichts zu tun haben.

Mein Gott, erlöse mich aus solch einer Welt! Lieber Jesus, hilf uns allen! Ich möchte nur klar und einfach vor Gott sein. Ich möchte den Herrn anbeten und Seinen Namen preisen, weil ich weiß, daß der Segen Gottes auf mich kommen wird, wenn ich meine Augen auf Ihn richte.

Lassen Sie sich nicht durch Stolz behindern

Ich habe einmal auf einem großen, luxuriösen Bankett in Georgia gesprochen. Nachdem ich gepredigt hatte, machte ich einen Aufruf zur Entscheidung. Wenn Sie annähernd tausend Einladungen bekommen, ist es Ihnen egal, ob man Sie wieder einlädt. Warum sollte ich also nicht die Gelegenheit zu diesem Aufruf nutzen und einige Menschen segnen.

Als ich mit dem Aufruf fertig war, erhoben sich etwa zweihundert Menschen und kamen nach vorne. Einer von ihnen war ein Geschäftsmann, dessen Frau die Taufe im Heiligen Geist empfangen hatte. Sie hatte sich vor ihrem Bett im Schlafzimmer hingekniet und gebetet. Sie sagte: „Jesus, bitte taufe mich im Heiligen Geist." Und Er taufte sie im Heiligen Geist, und sie redete in himmlischen Sprachen, es war so schön, herrlich und so kostbar.

Ihr Ehemann war stur und sagte, daß er nicht daran glauben würde. Sie fuhr fort, ihn zu lieben, für ihn zu beten und in Sprachen zu beten. Er gewöhnte sich daran, daß sie neben ihrem Bett kniete und betete, und er lag einfach da und beobachtete sie. Schließlich kam er an den Punkt, wo er davon überzeugt war, daß es echt war, und wollte dasselbe auch für sich. Aber er war voller Stolz und sagte zu Gott: „Gott, ich glaube an das alles und möchte auch in Sprachen reden. Bitte gib mir diese Gabe genauso, wie du sie meiner Frau gegeben hast – ganz privat, auf meinen Knien, neben meinem Bett, so daß kein anderer mich sehen kann."

An diesem Tag, als er sich entschlossen hatte, nach vorne zu kommen, waren etwa zweitausend Menschen bei dem Bankett. Alles war schön und nett, bis plötzlich jemand gegen die Wand knallte und dort kleben blieb. Als ich herübersah, war es dieser Geschäftsmann. Er versuchte, sich hochzuziehen, während er die Wand herunterrutschte und sagte: „O nein, Gott, nein, nicht vor all diesen Menschen. Meine Frau hat es so auch nicht bekommen." Er zog sich wieder hoch und wurde durch die Kraft Gottes wieder heruntergezogen und sprach in anderen Sprachen.

Als Gott mit ihm fertig war, hatte er keinen Stolz mehr in sich. Der ganze Stolz war verschwunden, und er wußte, daß er ein Dickkopf gewesen war. Wenn Sie Gott jemals sagen wollen, wie Er etwas tun soll, können Sie sicher sein, daß er es niemals auf diese Weise tun wird.

Glauben Sie mir, auch wenn es Sie schockieren wird, Gott weiß eine ganze Menge mehr als Sie. Und weil Er Gott ist, kann Er es sich nicht leisten, daß Sie Ihm irgend etwas vorschreiben. Sie können Ihn um alles bitten, was Er in der Bibel verheißen hat, und dann treten Sie einen Schritt zurück und lassen es Gott so machen, wie Er es will. Aber verhalten Sie sich nicht wie dieser Mann, der voller Stolz sagte: „Gott, ich bin ein angesehener Mann, und weil es so schön ist, möchte ich das haben, was meine Frau bekommen hat. In aller Stille möchte ich es empfangen, ich will nicht, daß jeder weiß, daß ich in Sprachen rede. Ich will, daß Du es mir im Schlafzimmer gibst, verstehst Du mich?“

Selbstverständlich antwortet Gott solchen Menschen gar nicht erst. Oh, Er hatte ihn gut verstanden und wußte genau, wie Er es anstellen würde, daß dieser Mann wie ein Elefant im Porzellanladen aussehen würde. Er hatte die absolut schlechteste Figur gemacht, die ich in meinem ganzen Leben gesehen habe. Aber er wurde im Heiligen Geist getauft und redete in anderen Sprachen. Und er wird es niemals vergessen.

Keine trüben Montage!

Manche Menschen gehen zu sehr auf ihre Gefühle ein und leben von Tag zu Tag in einem Wellenmeer. An einem Tag sind sie oben und am nächsten Tag unten. Gott sagte mir folgendes zu einem solchen Lebensstil: „ Mein Sohn, bei mir gibt es keine trüben Montage. Was denkst du darüber?“

„Nun, Herr, wenn Du nicht daran glaubst, dann glaube ich auch nicht daran. Preis sei Gott! Ich werde Dich den ganzen trüben Montag lang preisen.“

„Mein Sohn, Ich glaube nicht an trübe Montage oder graue Dienstage.“

„Dann tu ich es auch nicht!“

Wann immer Sie herausfinden, wie Jesus über bestimmte Dinge denkt, dann stimmen Sie mit Ihm, so schnell es geht, darin überein. Sagen Sie einfach: „Ich werde es genauso glauben, Jesus.“ Solange Sie Ihr Bestes versuchen, Ihm nachzufolgen, werden Sie immer weniger Fehler machen.

Zwischen den Versammlungen und Konferenzen habe ich viel Gemeinschaft mit meinen Brüdern und Schwestern im Herrn, aber ich kann es manchmal kaum abwarten, daß am nächsten Morgen der Gottesdienst beginnt. Wenn ich am Morgen im Gottesdienst spreche, bin ich immer sehr gesalbt, weil ich Zeit damit verbracht habe, den Herrn anzubeten. Wenn Sie sich Zeit nehmen, Gott anzubeten, wird Ihr Leben genauso sein, jeden Tag – *jeden Tag!* Manchmal bin ich zusammen mit meinen Mitarbeitern im Auto auf dem Weg zu einem Treffen. Wir hören gesalbte Anbetungsmusik und beten Gott an und preisen Ihn. Dabei werde ich gesegnet. Irgendetwas segnet mich, und ich will Gott einfach weiter preisen, immer und immer wieder!

Wenn Sie ein totes, trockenes Leben leben und sich über Gott wundern, könnten Sie sagen: „Mein Leben scheint nicht sehr aufregend zu sein. Was ist los mit mir, Bruder Norvel?“ Ich hätte wahrscheinlich nicht genug Zeit, Ihnen alles zu sagen, was mit Ihnen nicht in Ordnung ist, aber eines wüßte ich, das Ihnen helfen würde, aus dem Tief herauszukommen. Das garantiere ich Ihnen. Es wird Ihnen absolut helfen, aus Ihrer verkehrten Situation herauszukommen: Das nächste Mal, wenn Ihr Fleisch sich meldet und Sie einen schlechten Tag haben oder einen Tag, der völlig durcheinander ist, oder einen trüben Tag, dann beten Sie Gott an und preisen Ihn. Sagen Sie Jesus, wie sehr Sie Ihn lieben. Danken Sie Ihm für alles, was er für Sie getan hat. Preisen Sie Ihn dafür, daß er so liebevoll zu Ihnen war, daß er vor zweitausend Jahren sein Leben für Sie am Kreuz gegeben hat. Fangen Sie an, Ihn wirklich anzubeten und zu preisen.

Beachten Sie den zweiten Vers von Psalm 29:

> Gebt dem HERRN die Herrlichkeit seines Namens; betet den HERRN an, in der Schönheit der Heiligkeit (wörtliche Übersetzung aus dem Englischen)!

Gib dem Herrn die Herrlichkeit seines Namens. Das ist wahre Anbetung des Herrn! Wann haben Sie das zum letzten Mal getan?

„Aber, Bruder Norvel, ich gehe in die Gemeinde." Ratten und Mäuse gehen auch in die Gemeinde! „Aber, ich wurde vor Jahren errettet, Bruder Norvel, und ich liebe den Herrn."

Singen Sie dieselben Lieber, immer und immer wieder? Sagen Sie: „Ich liebe den Herrn. Ich liebe den Herrn. Ich liebe den Herrn", immer und immer wieder wie eine Gewohnheit? Einfach nur in die Gemeinde zu gehen und zu sagen: „Ich liebe den Herrn" immer und immer wieder, ist nicht Anbetung Gottes. Sie sind geschaffen, um Gott wegen Seines Namens und Seiner Kraft anzubeten. Sie sind geschaffen, um Ihn alle Zeit – alle Zeit – in der Schönheit der Heiligkeit anzubeten.

Wenn Sie das tun, werden Sie Ihr tägliches Leben mit anderen Augen sehen. Sie werden die Segnungen Gottes erwarten, weil Sie Ihre Augen auf Ihn gerichtet haben, und Sie werden keine trüben Montage mehr kennen.

Kapitel 6

Was tun, wenn man verzweifelt ist

> Markus 5,22-23
> ...und als er ihn sieht, fällt er ihm zu Füßen und bittet ihn sehr...

Wie, um alles in der Welt, kann es Ihnen gelingen, den Gott, der die ganze Welt gemacht hat, dazu zu bringen, Sie zu hören und Ihnen zu antworten, wenn Sie in einer verzweifelten Situation sind?

Es gibt einen Weg, und wenn Sie diesen Weg entdeckt haben, werden Sie Ihr Leben und das Leben Ihrer Kinder retten. Ein Mann war verzweifelt, weil seine Tochter todkrank war. Er wußte, Jesus hatte die Antwort. Und ob Sie es glauben oder nicht, Gott hat die Antwort, auf die Sie verzweifelt warten. Der Mann liebte Gott, vertraute Gott und glaubte Gott in einer solchen Weise, daß er bereit war, vor allen Menschen auf seine Knie zu fallen und sich vor Jesus zu beugen. Er mußte unbedingt die Gunst Gottes erfahren.

Fallen Sie Jesus zu Füßen

Wenn es Ihnen so geht wie diesem Mann und Sie dringend die Gunst Gottes brauchen, lesen Sie die folgenden Verse.

> Markus 5,22
> Und es kommt einer der Synagogenvorsteher, mit Namen Jaïrus, und als er ihn sieht, fällt er ihm zu Füßen...

Nun lassen Sie mich Ihnen etwas erklären. Alles, was Menschen in der Bibel getan haben, um den Dienst Jesu zu empfangen, können Sie auch tun. Sie werden dieselben Ergebnisse haben, wenn Sie dasselbe jetzt im Glauben tun. Gott ist ein Gott des Glaubens. Durch Glauben sind Sie aus Gnade gerettet (Epheser 2,8). Durch Glauben sind Sie aus Barmherzigkeit geheilt. Wegen Ihres Glaubens an Gott wird Er in Ihrem Leben ein Wunder vollbringen.

Sie könnten sagen: „Aber Norvel, Jesus war damals persönlich da.“ Das spielt keine Rolle. Sie können heute durch den Glauben dasselbe tun. Darum geht es in der Gemeinde. Sie haben ein Recht, zum Altar zu kommen und etwas zu empfangen. Sie können nicht voller Stolz auf Ihrem Stuhl sitzen und erwarten, etwas von Gott zu bekommen. Sie müssen es auf Gottes Art machen. Gott mag es, wenn Sie in aller Öffentlichkeit zu Ihm kommen. Er möchte Sie sehen, wie Sie den Gang hinuntergehen und sich am Altar vor Ihm niederknien. Er möchte seine Kraft in Ihr Inneres legen. Er möchte seine Arme um Sie legen und Sie lieben, wie Sie niemals zuvor in Ihrem Leben geliebt wurden.

Ich sage den Jungs im Gefängnis immer: „Seht mal, Begierde, Habsucht, Whiskey, Frauen und Drogen haben euch hier hineingebracht; wenn ich euch dazu überreden könnte, euer Leben Jesus zu geben und mit dem Heiligen Geist erfüllt zu werden, wird Er euch auf einen Trip nehmen, der so gewaltig sein wird, daß ihr mit Steinen nach L.S.D. werfen werdet.“

Also sehen Sie zu, daß Sie Ihren Stolz los werden, und kommen Sie zu Gott auf Seine Weise, so wie Jaïrus.

Glauben Sie, daß Jesus Ihnen helfen will

Beachten Sie bitte, daß Jaïrus, als er zu Jesu Füßen fiel, glaubte, daß Jesus ihm helfen würde.

> Markus 5,23
> Und bittet ihn sehr und sagt: Mein Töchterchen liegt in den letzten Zügen. Komm, und lege ihr die Hände auf, damit sie gerettet wird und lebt!

Wenn Sie Gott wären, was würden Sie tun? Ich würde das gleiche tun, was Jesus getan hat. Wenn ich Jesus gewesen wäre und wäre dort wie Er entlanggelaufen und ein Mann wäre mir begegnet und wäre zu meinen Füßen gefallen und hätte gesagt: „Meine kleine Tochter liegt todkrank zu Hause. Bitte komm und lege Deine Hände auf sie, und sie wird leben und nicht sterben", ich glaube, ich hätte zugehört. Ich weiß nicht alles über Gott, aber soviel weiß ich von Ihm: Er würde sich niemals von jemandem abwenden, der sich so verhält, wie dieser Mann.

Noch nie habe ich erlebt, daß sich Jesus von jemandem abgewendet hat, der Ihn angebetet hat und sich vor Ihm gebeugt hat, um Ihn um Hilfe zu bitten. Er ließ mich nicht im Stich, und er ließ auch meine Tochter Zona nicht im Stich. Sie nahm drei Jahre lang Drogen, und ich habe drei Jahre für sie gebetet, aber sie hörte weder auf mich noch auf irgend einen anderen Menschen. Dann sandte Gott eines Tages einen Engel, und sie hörte auf das, was der Engel ihr sagte. Ich sage Ihnen eins, sie nahm seit dem nie wieder Drogen.

Gott hat Seine eigene Art, Dinge zu erledigen. Während eines Festes schrieb ein menschlicher Finger einige Worte an die Wand des königlichen Palastes und es war ein großes: „Aaahh" zu hören. Gott tat, was er gesagt hatte, und der König sowie sein Königreich wurden gerichtet (Daniel 5). Wenn Sie es mit Gott zu tun haben, haben Sie es mit einer realen Person zu tun, die durch ein Wort die Welt in Existenz brachte und die alles Wissen hat. Glauben Sie mir, Ihr Fall ist nicht zu schwer für Ihn.

Wenn Sie schlechte Nachrichten erreichen, hilft nur Glauben

Jesus geht also zum Haus des Jaïrus. Da berührt eine Frau im Glauben die Kleidung Jesu und wird geheilt. Während Jesus mit der Frau redet, kommt ein Mann aus dem Haushalt des Jaïrus angerannt und er bringt eine schlechte Nachricht. Er sagt zu Jaïrus:

Markus 5,35
Deine Tochter ist gestorben, was bemühst du den Lehrer noch?

Wissen Sie, was Jesus daraufhin zu Jaïrus sagt? Er sagt:

Markus 5,36
Fürchte dich nicht; glaube nur!

Und Jesus geht weiter zu dem Haus. Dieser Mann war gekommen und zu Jesu Füßen niedergefallen und hatte zu Ihm gesagt: „Ich glaube an Dich. Ich glaube, daß wenn Du kommst und für meine Tochter betest, sie leben und nicht sterben wird. Ich beuge mich vor Dir, Jesus. Ich bete Dich an, Jesus. Wenn Du kommst und für meine Tochter betest, wird sie leben und nicht sterben. Sie wird leben."

Und Jesus antwortet: „Ja, ich will", und geht mit dem Mann mit, und während sie unterwegs sind, stirbt seine Tochter. Und Jesus sagt: „Fürchte dich nicht, glaube nur." Und Jesus geht weiter, voller Glauben, voller Kraft und voller Erkenntnis. Der Tod macht Ihm keine Angst, Er läuft weiter.

Lassen Sie sich nicht von Menschen einschüchtern

Als Er im Haus des Jaïrus ankommt, sind dort überall Menschen, die weinen, und Er sagt zu ihnen:

Markus 5,39b-43
Was lärmt und weint ihr? Das Kind ist nicht gestorben, sondern es schläft. Und sie lachten ihn aus. Als er aber alle hinausgetrieben hatte, nimmt er den Vater des Kindes und die Mutter und die, die bei ihm waren, mit und geht hinein, wo das Kind war. Und er ergriff die Hand des Kindes und spricht zu ihm: Talita kum! Das ist übersetzt: Mädchen, ich sage dir, steh auf! Und sogleich stand das Mädchen auf und ging umher; es war nämlich zwölf Jahre alt. Und sie erstaunten sogleich mit großem Erstaunen. Und er gebot ihnen dringend, daß niemand dies

erfahren solle, und er sagte, man solle ihr zu essen geben.

Da kommt Jesus also an, und die Menschen weinen. Als er ihnen sagt, daß sie nur schläft, lachen sie Ihn aus. Doch Er geht nicht auf sie ein und nimmt den Vater und die Mutter mit hinauf in das Zimmer, wo die Tochter ist und nimmt sie bei der Hand, hebt sie hoch und sagt dann, man solle ihr zu essen geben. Nicht einmal der Tod kann die Kraft Gottes aufhalten!

Warum tut Gott so etwas eigentlich für einen Menschen? Weil dieser Mensch Gunst bei Ihm gefunden hat.

Hören Sie auf mit dem ungläubigen Weinen und Betteln

„Nun gut, Bruder Norvel, ich habe so etwas auch schon erlebt, und Gott hat nichts getan", mögen Sie einwenden. Warten Sie einen Moment. Gott wird nichts für jemanden tun, es sei denn, diese Person hat bei Ihm Gunst gefunden. Hatte diese Person Gunst bei Gott? Ich kenne Fälle, bei denen Gott nicht eingriff. Die Menschen weinten und bettelten und weinten und bettelten, damit Gott etwas tue, aber sie waren total ungläubig, und Gott konnte kaum etwas für sie tun. Sie mußten mit Weinen und Betteln aufhören. Sie mußten zum Altar kommen, auf ihre Knie gehen und sagen: „Ich glaube. Ich habe keine Angst. Ich glaube. Ich sage, daß es meinen Kindern gut geht. Ich habe keine Angst. Ich glaube. Der Gott, dem ich diene, ist real. Ich bete Dich an, Jesus. Ich bete Dich an, Jesus. Meine Tochter wird leben und nicht sterben. In dem Namen meines Herrn Jesus Christus. Ich bete Dich an und beuge mich vor Dir."

Hören Sie mit dem ungläubigen Weinen und Betteln auf. Wir sind alle in der gleichen Weise gelehrt worden, jeder einzelne. Ein Mitglied der Familie stirbt, und alle werden schwach, fallen zu Boden und fangen an zu weinen. Der einzige, der das nicht tut, ist Jesus.

Sicher, Ihr Herz ist gebrochen. Sie liebten diese Person. Ich verstehe das. Meine Mutter starb, als ich neun Jahre alt war, und ich habe zwei Jahre lang geweint. Doch niemand in der Gemeinde sagte zu mir: „Jesus liebt sie so, wie du sie liebst. Laß uns gleich hier am Bett niederknien und Ihn anbeten."

Niemand begann mit Anbetung und sagte: „Wir beten Dich an, Jesus, und wir wollen unsere Mutter zurück, Herr. Wir beten Dich an, Jesus. Du bist unser Gott. Ehre sei Dir, Gott. Danke für Deine Kraft und für Deine Herrlichkeit. Wir beten Dich an, Jesus. Wir beugen uns vor Dir, Jesus. Wir beten Dich an, Jesus. Wir glauben an Dich, Herr, den Gott des Neuen Bundes. Im Namen Jesus beten wir Dich an."

Wir haben nichts dergleichen getan! Wenn Sie sich nicht gemäß der Bibel verhalten, werden Sie auch keine biblischen Ergebnisse erzielen. Wenn Sie sich natürlich verhalten, erhalten Sie natürliche Ergebnisse. Das ist alles, was Sie erreichen werden. Es ist einfach, ganz einfach.

Flehen Sie Ihn außerordentlich an

Warum möchte Gott, daß ich Sie das lehre? Weil Gott möchte, daß Sie das nächste Mal, wenn der Teufel wieder versucht, Sie zu schlagen, oder eines Ihrer Kinder einen Verkehrsunfall hat und der Arzt Ihnen sagt, er wisse nicht, ob es überleben wird oder Ihnen etwas anderes Dummes passiert, wissen, was Sie tun müssen. Seien Sie nicht unvorbereitet. Fangen Sie nicht an, hin und her zu laufen und händeringend zu sagen: „Gott, warum passiert mir das?" Nein, sagen Sie: „In Jesu Namen binde ich dich, Teufel. Nimm deine Hände weg von meinem Kind. In dem Namen des Herrn Jesus Christus beanspruche ich die Kraft Gottes, auf den Körper meines Kindes zu kommen. Wo immer es jetzt ist, in Jesu Namen, laß Deine mächtige Kraft auf seinen Körper kommen, damit es lebt und nicht stirbt." Dann laufen Sie auf und ab, und beten Sie im Geist. Beten Sie Sieg, beten Sie im Geist.

Vor einiger Zeit mußte ich das bei mir zu Hause für eine Nacht lang tun. Ich erhielt einen Anruf aus Texas und war allein mit einem befreundeten Pastor zu Hause. Ein Pastor aus Dallas, von der „Assembly-of-God"-Gemeinde hatte einen Herzanfall.

Wir knieten uns auf den Boden und fingen an so stark zu beten, wie wir konnten. Hätten wir einen Augenblick gewartet, wäre er vielleicht gestorben. Wir haben etwa eine Stunde lang so stark und so schnell gebetet, wie wir konnten: „Teufel, du wirst diesen Pastor der *Assembly of God* nicht umbringen. Ich binde Dich in Jesu Namen. Laß ihn los. Danke, Herr, für Deine mächtige Kraft. Danke, Herr, daß Du in diesen Raum gehst und ihn jetzt anrührst.“ Nach etwa einer Stunde erfüllte die Herrlichkeit Gottes unseren Raum; der Pastor fiel unter der Kraft Gottes auf die Couch und begann zu prophezeien. Gott sagte uns, daß wir in der richtigen Weise gebetet hatten.

Wenn Sie sich in einer verzweifelten Situation befinden, beten Sie stark und schnell. Lassen Sie den Teufel wissen, daß Sie auf der Hut sind. Brechen Sie die Macht des Teufels auf deutsch im Namen Jesu und fangen Sie unverzüglich an, im Geist in Sprachen zu beten, solange, bis Sie sich selbst in die geistliche Welt hineingebetet haben, wo Sie den Sieg erringen können.

Es gab keine Hoffnung für diesen texanischen Pastor. Er hatte gerade einen schlimmen Herzanfall erlitten. Aber nachdem wir eine Nacht im Namen Jesu gebetet hatten und seine Gesundheit im Namen Jesu beansprucht hatten, hatte Gott sein Herz geheilt. Gott will auch Ihr Herz heilen. Er kann in einem Augenblick ein neues Herz in Ihre Brust pflanzen. Der Herr kann Ihnen in einem Augenblick Ihr Augenlicht zurückgeben. Jesus kann Ihnen so schnell eine neue Niere geben, daß es Ihnen schwindelig wird.

Mein Freund, es gibt nur einen Jesus. Sie mögen desinformiert gewesen sein, bis zu diesem Punkt, aber jetzt wissen Sie die Wahrheit, und die Wahrheit wird Sie frei machen. Durch die Wahrheit wird es Ihnen gutgehen.

Bereiten Sie sich auf Gebet vor, indem Sie Ihn anbeten

Der Herr hat mir einmal gesagt: „Derjenige, der vor mich kommt, um mich anzubeten und zu preisen, muß sich vorbereiten, damit er in die Welt des Gebets gelangen kann.“ Die Gemeinde ist auf die meisten Dinge nicht vorbereitet. Alles, was die meisten Menschen im Gebet tun, ist betteln, daß Gott etwas tut, oder mit Ihm über etwas zu diskutieren. Ich sage Ihnen klipp und klar, das ist nur Verschwendung von Energie und Atem. Es gibt keinen Grund, mit Gott immer und immer wieder im Gebet zu ringen.

Entwickeln Sie zuerst einen Lebensstil, der davon geprägt ist, seinen Namen anzubeten und Ihn zu preisen. Dann suchen Sie Ihn im Gebet. Verstehen Sie das? Es gibt einen Weg, daß Ihre Gebete beantwortet werden, jedes Gebet. Es ist nicht schwer, daß Ihre Gebete beantwortet werden. Es gibt einen leichten Weg.

Wenn Sie todkrank sind, können Ihre Gebete beantwortet werden, und die Heilungskraft Gottes wird in Sie hineinkommen und die Leiden beenden, völlig beenden. Doch Sie müssen den Preis bezahlen. Sie müssen einen Bund mit Gott schließen und sich verpflichten, Ihn täglich anzubeten. Sie müssen es zu Ihrem Lebensstil machen. Wenn Sie einen Bund mit Ihm schließen und Ihn preisen und anbeten, wird Er Ihr Gott sein, zu jeder Zeit, in allen Situationen.

Ihr Sieg wird kommen

Manchmal hat man im Leben diese sehr schwierigen Situationen, diese riesigen Berge, die einen erdrücken. Sie wissen nicht, wie Sie damit umgehen sollen. Das ist in Ordnung, Er wird es tun, machen Sie sich keine Sorgen. Gehen Sie auf Ihre Knie, preisen Sie Ihn, loben Sie Ihn eine Zeitlang, und binden Sie den Teufel. Beten Sie dreißig Minuten oder eine Stunde in Sprachen, und loben Sie Gott. Ich garantiere Ihnen, daß Sie Sieg erleben werden, und es wird Sie treffen wie der Blitz.

Ganz plötzlich wird Ihr Problem winzig werden. Es wird keine Bedeutung mehr für Sie haben. Wissen Sie, warum Ihnen diese Umstände immer so riesig vorkommen? Weil Sie keinen Bund mit Gott geschlossen haben. Sie haben keinen Bund der Anbetung und des Lobpreises geschlossen und versuchen, die Dinge mit Ihrem eigenen natürlichen Verstand zu lösen.

Das dürfen Sie nicht tun, wenn Sie im Glauben leben wollen. Sie müssen diese Schwierigkeit auf den Herrn werfen. Es ist mir egal, was es ist. Werfen Sie es auf den Herrn. Schließen Sie einen Bund mit Ihm, und fangen Sie an, Ihn zu preisen und anzubeten. Ich garantiere Ihnen, daß Gott groß genug ist, das Wunder zu wirken, das Sie brauchen.

Haben Sie verstanden, was ich Ihnen sagen will? Machen Sie sich eine Vorstellung von dem, was ich Ihnen erzähle. Wenn Sie nur einen kleinen Schimmer davon bekommen und diese große Not, die Sie haben, auf Gott werfen, anstatt sich selbst verrückt zu machen, wird Gott ein Wunder für Sie tun. Sie sagen zu sich selbst: „Ich werde es selbst machen. Ich bin so ausgelaugt, ich glaube und fliege nach Mallorca und mache Urlaub. Vielleicht brauche ich nur Urlaub." Es ist in Ordnung, nach Mallorca zu fliegen und eine Zeitlang am Strand spazierenzugehen und den Wellen zuzuhören. Das ist in Ordnung. Aber Sie müssen dafür nicht unbedingt ausgelaugt sein, um zu fahren. Werfen Sie Ihre Not auf Gott, beten Sie Ihn an, und fahren Sie dann in Urlaub.

Denken Sie daran, es gibt nur einen Jesus, und zwar den, der in den vier Evangelien Matthäus, Markus, Lukas und Johannes zu finden ist. Das ist der Einzige, den es gibt, und Er sagt zur ganzen Menschheit: „Kommt und folgt mir nach."

Kapitel 7

Beten Sie im Glauben an

> Matthäus 15,28
> Da antwortete Jesus und sprach zu ihr: O Frau, dein Glaube ist groß. Dir geschehe, wie du willst! Und ihre Tochter war geheilt von jener Stunde an.

Unser Gott ist ein Gott, der Dinge durch Glauben in Existenz spricht. Er wartet darauf, daß wir das gleiche tun, und Er segnet jeden auf der Erde gemäß dem, was er von ihm hört. Der Mangel, den manche Menschen heute erleben, hat seine Ursache darin, daß sie es versäumt haben, im Glauben zu handeln. Vielleicht sagen Sie sich: „Grundsätzlich liebe ich Gott, aber mir passieren dauernd all diese verrückten, verwirrten Dinge. Ich möchte nicht in einer Welt wie dieser leben. Können Sie mir helfen?"

Ein Schrei nach Erbarmen

Lassen Sie uns mit einer Schriftstelle beginnen, die Gott mir zeigte, damit auch Sie es für sich selbst erkennen.

> Matthäus 15,21-22
> Und Jesus ging von dort weg und zog sich in die Gegenden von Tyrus und Sidon zurück; und siehe, eine kanaanäische Frau, die aus jenem Gebiet herkam, schrie und sprach: Erbarme dich meiner, Herr, Sohn Davids! Meine Tochter ist schlimm besessen.

Diese Frau hatte eine Tochter, die von Dämonen besessen war. Die Frau hatte von Jesus gehört. Sie war eine heidnische Frau und schrie um Erbarmen. Beachten Sie den Anfang der nächsten Verse.

> Matthäus 15,23-24
> Er aber antwortete ihr nicht ein Wort. Und seine Jünger traten hinzu und baten ihn und sprachen: Entlaß sie! Denn sie schreit hinter uns her. Er aber antwortete und sprach: Ich bin nur gesandt zu den verlorenen Schafen des Hauses Israel.

Jesus hatte noch nicht einmal mit ihr geredet. Warum? Weil sie sich Ihm auf falscher Weise genähert hatte. Sie hatte es versäumt, richtige Prioritäten zu setzen. Das ist der Grund, warum heutzutage viele Gläubige ebenfalls keine Antwort auf ihre Probleme erhalten. Darum sind Menschen monatelang krank. Darum sind ihre Kinder immer noch von Dämonen besessen und müssen es lange Zeit bleiben. Und diese Kinder werden wahrscheinlich in diesem Zustand bleiben, bis sie in die Hölle kommen, wenn sich ihre Eltern nicht ändern. Trifft das auf Sie zu?

„Aber, Bruder Norvel, ich liebe den Herrn, und ich bin geisterfüllt." Jesus liebt Sie auch, aber er weiß auch, ob Sie es ernst meinen oder nicht. Auch wenn Sie errettet und geisterfüllt sind und Gott lieben, wird Er nicht allzuhäufig zu Ihnen reden, wenn Sie nicht bestimmte Prioritäten in Ihrem Leben setzen.

Es gab eine Zeit in meinen Leben, da wußte ich nicht, daß Jesus so ist. Ich dachte immer, Jesus ist immer sehr sanft gewesen und hat immer sanft geredet. In der Sonntagsschule hängen immer solche Bilder, die Jesus umgeben von kleinen Lämmern und Kindern zeigen. Ich dachte, daß alles was ich sagen und tun würde, in Ordnung sei. Ich bräuchte mir keine Sorgen zu machen, weil Jesus mich liebte. Jesus liebte mich schon, doch ich vergaß, die Prioritäten richtig zu setzten, und Er redete nicht allzu oft zu mir. Das nenne ich, eine absolute Niete ziehen. Man betet jahrelang für etwas und bekommt es nie.

Die Jünger Jesu kamen zu Ihm herüber und wollten die Frau mit der besessenen Tochter wegschicken. Sie waren aufgebracht. Erinnern Sie sich an die Geschichte vom blinden Bartimäus, der Jesus um Erbarmen anrief? Sogar das Volk gebot ihm, ruhig zu sein (Lukas 18,39). Manchmal waren die Jünger wie Sie und ich. Sie begriffen nicht immer alles.

Ich habe Neuigkeiten für Sie. Der Herr Jesus Christus ist nicht wie Sie oder ich oder Petrus oder Paulus oder Ihr Pastor oder Evangelist. Er denkt nicht so wie wir. Wir sollten so denken, wie Er denkt. Und wenn Sie Jesus erst einmal kennengelernt haben, werden Sie eines schnell herausfinden: Er schickt niemanden weg, der Hilfe braucht. Er möchte Sie die Wahrheit lehren, weil er weiß, daß die Wahrheit Sie frei macht, wenn Sie glauben (Johannes 8,32). Wenn Sie das nicht glauben, können Sie so bleiben, wie Sie sind, aber wenn Sie glauben, werden Sie vollkommen frei werden.

Sie betet Ihn an

Diese Frau liebte den Herrn von ganzem Herzen. Sie liebte Ihn so sehr, wie Sie Ihn lieben, aber Ihr Auftreten war unangebracht. Jesus redete nicht mit ihr. Also sagte sie sich: „Ich werde mich lieber ändern."

Wenn Sie keinen Sieg haben, dann verändern Sie lieber etwas. Gott wird sich nicht ändern. Er bleibt für alle Zeit derselbe. Trotz Scheidung bleibt er derselbe. Trotz Krebs bleibt er derselbe. Trotz dämonischer Besessenheit bleibt er derselbe. Sie mögen Berge erklimmen oder in Täler fallen, aber Gott verändert sich nie. Wenn Sie keinen Sieg haben, ändern Sie sich! Nun beachten Sie, was die Frau tat.

> Matthäus 15,25
> Sie aber kam und betete ihn an und sprach: Herr, hilf mir (teilweise wörtlich aus dem Englischen)!

Sie veränderte ihr Auftreten. Diesmal betete sie Ihn an. Sie fragte Ihn nicht: „Warum hilfst Du mir nicht? Warum hast Du kein Erbarmen mit mir?" Hören Sie auf, die ganze Zeit herumzujammern und all Ihre Probleme zu erzählen, wenn Sie zu Ihm kommen. Er kennt Ihre Sorgen bereits. Verbringen Sie Ihre Zeit mit Ihm damit, Ihn anzubeten!

Wann sind Sie das letzte Mal zum Herrn gegangen, um ihn anzubeten? Ich bete Jesus an und kann dabei liegen, aufstehen, laufen oder Auto fahren. Ich bete Ihn morgens, mittags und abends an. Ich mache Anbetung zu meinem Lebensstil.

Setzen Sie sich ab und zu einfach in Ihr Wohnzimmer, und beten Sie den Herrn an. „Wird meine Familie nicht denken, daß ich komisch bin?“ könnten Sie sich fragen. Wenn Sie es noch nie getan haben, wird Ihre Familie das vielleicht denken. Doch wenn Sie es über zwei oder drei Monate morgens, mittags und abends tun, werden sie nicht mehr denken, daß es komisch ist. Nebenbei gesagt: Menschen, die Jesus anbeten, sind nicht komisch. Die Menschen, die Jesus nicht anbeten, sind komisch. Aber Sie sind dazu bestimmt, Jesus anzubeten; das ist normal.

Sie fuhr fort, Ihn anzubeten

Beachten Sie Vers 26. Gott prüfte die Frau. Er wollte wissen, ob sie es wirklich ernst meinte und ob sie wirklich glaubte.

> Matthäus 15,26
> Er antwortete und sprach: Es ist nicht schön, das Brot der Kinder zu nehmen und den Hunden hinzuwerfen.

In jenen Tagen wurden die Heiden von den Juden als Hunde angesehen. Das klingt nicht gerade gut. Ich habe streunende und süße Hunde gesehen, aber ich möchte nicht einmal ein süßer Hund genannt werden. Doch Jesus tat das, er nannte sie einen Hund!

> Matthäus 15,27
> Sie aber sprach: Ja, Herr; doch es essen ja auch die Hunde von den Krumen, die von dem Tisch ihrer Herren fallen.

Mit anderen Worten sagte sie: „Ich weiß, daß ihr Juden keinen Umgang mit den Heiden haben sollt. Ich weiß, daß Du mich als Hund ansiehst, aber ich weiß auch, daß Du mein Meister bist und ich Dich liebe. Sogar die Hunde essen die Krümel vom Tisch ihres Meisters.“

Was hat sie damit gemeint? Man könnte es so sagen: „Jesus, ohne Dich bin ich ein Wurm. Ohne Dich bin ich nicht mehr als ein Krümel. Ohne Dich bin ich nichts. Mein Leben gehört Dir, Jesus. Ich tue alles für Dich und werde Dich mein Leben lang anbeten. Ich liebe Dich so sehr, daß ich die Krümel von allem, was Du hast, nehme. Du bist mein Meister."

Als Er auf sie heruntersah und wahrnahm, daß sie Ihn noch immer anbetete und zu Ihm sagte: „Ich esse soviele Krümel, wie ich bekommen kann", war Jesus sehr beeindruckt. Ihre Wahrhaftigkeit und ihre Ernsthaftigkeit bewegten Ihn.

Ihre Tochter wurde geheilt

> Matthäus 15,28
> Da antwortete Jesus und sprach zu ihr: O Frau, dein Glaube ist groß. Dir geschehe, wie du willst! Und ihre Tochter war geheilt von jener Stunde an.

Können Sie sich vorstellen, daß Jesus zu einem Menschen sagt, daß er großen Glauben hat! Wenn Gott zu mir sagen würde, daß mein Glaube Ihm gefiele, wäre ich so begeistert, daß ich es nicht aushalten könnte. Ich würde wahrscheinlich einmal um den Häuserblock rennen. Wenn Jesus mir sagen würde, daß ich großen Glauben hätte, würde ich wahrscheinlich einen Salto machen.

„Warum hat Er das zu ihr gesagt?" mögen Sie fragen. „Was hat sie getan?"

Man nennt das, vorrangigen Dingen Priorität geben. Haben Sie in letzter Zeit vorrangigen Dingen Priorität gegeben? Haben Sie Gott angebetet? Lassen Sie mich eins sagen. Wenn Sie vorrangigen Dingen Priorität einräumen, werden Sie nicht nur geheilt, sondern Sie werden auch gesund bleiben. Wenn Sie vorrangigen Dingen Priorität geben, wird Ihr dämonisiertes Kind errettet werden, weil der Geist Gottes dort hineinfließen wird, wo es lebt und alle Dämonen austreiben wird.

Als Jesus sagte: „Oh, Frau, dein Glaube ist groß. Dir geschehe, wie du willst!", ging der Geist Gottes in die Stadt, wo sich die von Dämonen besessene Tochter befand, und trieb die Dämonen aus. Als die Mutter nach Hause kam, war die Tochter völlig geheilt. Die Frau konnte nicht allzuweit entfernt gewesen sein, offensichtlich war sie innerhalb von sechzig Minuten zu Hause. Die Bibel sagt, daß die Tochter innerhalb von sechzig Minuten völlig geheilt war. Der Geist Gottes hatte dies alles getan, weil eine Frau auf ihre Knie gegangen war und Jesus angebetet und nicht aufgegeben hatte. *Sie weigerte sich, aufzugeben.* Sie war entschlossen, Ihn anzubeten.

Meine Tochter wurde geheilt

Ich garantiere Ihnen, daß der Heilige Geist Ihre Kinder heimsuchen und die Dämonen austreiben wird, wenn Sie Jesus jeden Tag anbeten und sich Ihm ausliefern. Ich selbst bin das perfekte Beispiel dafür. Ich sollte es wissen, weil meine Tochter drei Jahre lang drogenabhängig war und ich sie nicht davon abbringen konnte. Sie hörte weder auf mich, noch auf irgendeinen anderen Menschen. Ich schrie zum Herrn und betete um Erbarmen für meine Tochter. Warum? Weil bereits fünf oder sechs ihrer Freunde an einer Überdosis gestorben waren.

Jedesmal, wenn das Telefon klingelte, sagte mir der Teufel: „Es geht um sie, sie ist gestorben." Ich antwortete dann: „Nein, sie ist nicht tot. Im Namen Jesu, Teufel, hör auf damit. Ich breche deine Macht über Zona. Ich befehle dir, deine Hände von ihr zu nehmen und sie freizugeben." Ich ging auf und ab und sagte: „Teufel, du wirst meine Tochter niemals in die Hölle schicken, weil ich für sie im Namen Jesu bete. Ich bete, daß die Kraft Gottes sie heimsucht, wo immer sie sich auch befinden mag, sei es in einer Bar oder sonstwo."

Ich betete drei Jahre lang, und eines Abends sah sie plötzlich, wie sich die Decke der Bar, in der sie sich befand, in mein Gesicht verwandelte. Sie sprang auf und rannte aus der Bar heraus.

Diese übernatürliche Erfahrung, in Verbindung mit dem Besuch eines Engels in ihrem Zimmer, reichte aus, den Dämon in ihr zu verjagen. Dieser von Gott gesandte Engel war etwa so groß wie zwei Männer. Wenn Sie so groß wären wie zwei Männer und direkt vom Himmel kämen, wäre die Herrlichkeit Gottes auf Ihnen, und es wäre nicht nötig, daß Sie eine

Predigt hielten. Sie müßten nicht singen, Sie müßten nicht beten, Sie müßten einfach nur erscheinen.

Dieser Engel erschien, und meine Tochter sagte: „Aaahhh!" und von diesem Tage an bis heute nahm sie keine Drogen mehr. Gott hat seine eigene Art, Dinge zu erledigen. Er sprach die Welt in Existenz, und er ist allwissend. Seine Methoden mögen ein wenig von Ihren abweichen, aber glauben Sie mir, Ihr Fall ist nicht zu schwer für Ihn.

Doch sie müssen lernen, bestimmten Dingen Vorrang einzuräumen. Sicher, Sie müssen Gott lieben. Die Frau mit der besessenen Tochter liebte Gott von Anfang an, sonst wäre sie nicht zu Jesus gekommen. Wenn Sie Jesus lieben und glauben, daß Er Ihnen helfen kann, müssen Sie zu Ihm gehen. Sie ging zu Ihm, sie glaubte an Ihn, sie liebte Ihn, sie fand Ihn, doch sie trat auf falsche Weise an Ihn heran. Sie achtete nicht darauf, Prioritäten zu setzen. Alles, was einige Leute sagen, ist: „Gib mir, gib mir, gib mir, Jesus! Ich habe Probleme, Herr. Es tut mir leid. Gib mir, gib mir, gib mir!" Wenn Sie so denken, habe ich Neuigkeiten für Sie. Jesus ist nicht immer ein „Gib-mir-Jesus". Jesu Herz fließt über vor Freude, wenn er sieht, daß Sie sich vor ihm beugen und Ihn anbeten.

Setzen Sie Prioritäten

Brauchen Sie einen Segen von Gott? Sie können ihn haben, aber Sie müssen bestimmten Dingen den Vorrang einräumen. Sie müssen Ihn anbeten. Sprechen Sie seinen Namen aus. Das was aus Ihrem Mund herauskommt verunreinigt Sie, nicht das, was hineingeht. Lassen Sie Lobpreis aus Ihrem Mund hervorkommen. Sagen Sie: „Jesus, ich bete Dich an. Ich liebe Dich."

Bitten Sie Ihn jetzt um nichts. Beten Sie Ihn zuerst an. Manchmal wird der Geist Gottes Sie heilen, bevor Sie Ihn überhaupt um etwas gebeten haben. Gott weiß, was Sie brauchen, noch bevor Sie es Ihm gesagt haben (Matthäus 6,8). Ihr Kind wird vielleicht errettet, während Sie Ihn anbeten.

Denken Sie daran, Sie können jederzeit beginnen oder aufhören, Jesus anzubeten. Warten Sie nicht darauf, daß der Geist Gottes auf Sie kommt, bevor Sie Ihn anbeten. Beten Sie

Ihn nicht in Abhängigkeit von Ihren Gefühlen an. Beten Sie Ihn an, weil Er Gott ist. Beten Sie Ihn an, weil Er am Kreuz starb, damit Sie errettet werden konnten. Beten Sie Ihn an, weil Er der Herr über Ihr Leben ist. Erst wenn Sie den vorrangigen Dingen den ersten Platz einräumen, haben Sie ein Recht, Gott um etwas zu bitten. „Nun, Bruder Norvel", mag jemand sagen, „ich habe davon keine Ahnung, ich bitte Ihn, wann immer ich will."

So dachte auch die kanaanäische Frau: „Ich habe eine besessene Tochter. Ich gehe einfach und bitte Ihn." Aber Er hat nicht einmal mit ihr geredet. Ihr erster Annäherungsversuch funktionierte nicht, weil sie es versäumte, den vorrangigen Dingen den ersten Platz einzuräumen. Wenn Ihr Versuch, sich Gott zu nähern, nicht klappt und Sie nicht geheilt werden und Ihre Kinder nicht errettet werden, so ändern Sie die Art, sich Ihm zu nähern. Sie lieben Ihn, und Er weiß, daß Sie Ihn lieben, doch einige Menschen beten Ihn nicht in ausreichender Weise an, und sie beschneiden damit den Segen. Gott sagt in 3.Johannes 4:

> Eine größere Freude habe ich nicht als dies, daß ich höre, daß meine Kinder in der Wahrheit wandeln.

Und wenn sie das tun, bekommen sie einen Segen vom Himmel. Er möchte Ihnen diesen Segen geben. Er möchte seine Kraft nach Berlin hineinbringen. Er möchte, daß seine Kraft nach Frankfurt kommt und Ihre Kinder befreit.

„Bruder Norvel, denken Sie, daß mein Kind Seine Kraft erfährt und die Dämonen weichen, wenn ich Jesus in Treue anbete?"

Scherzen sie? Was hat Er gesagt? Ich kann Ihnen nicht versprechen, daß Gott innerhalb von sechzig Minuten oder weniger handeln wird. Es könnte fünf Minuten oder fünf Wochen dauern. Weder Sie noch irgendjemand anders kann Gott sagen, wann Er etwas tun soll.

Gott gibt den Menschen eine Menge Informationen, aber gewöhnlich sagt Er nicht, wann er etwas tun wird. Falls Er es doch sagt, ist dies eine übernatürliche Manifestation nur für die betreffende Person, doch normalerweise tut Er das nicht.

Wenn Sie die vorrangigen Dinge an die erste Stelle setzen, haben Sie das Recht, Ihn zu bitten, Sie zu heilen und zu befreien. Sie haben das Recht, daß Ihre Familie wiederhergestellt wird.

Beten Sie so, wie Er es will

Sobald Sie Gott gezeigt haben, daß Sie daran interessiert sind, der Bibel zu glauben und Ihn anzubeten, haben Sie das Recht, Gott um alles zu bitten, was in Übereinstimmung mit Seinem Willen ist, und dabei kühn vorzugehen (1.Johannes 5,14-15). Öffnen Sie Ihren Mund. Reden Sie laut. Bitten Sie Gott, was immer Sie wollen – Heilung, Errettung. Tun Sie es. Bitten Sie Ihn in Jesu Namen. Bitten Sie Ihn auf deutsch, nicht in Sprachen. Bitten Sie Ihn um das, was sie brauchen. „Jesus, ich bitte Dich, rette den kleinen Thomas. Ich bitte Dich, rette Elisabeth. Jesus, ich bitte Dich, daß Deine Heilungskraft durch mich fließt. Ich brauche Heilung, Jesus."

Jesus sagte Ihnen und mir in Johannes 16,23 ganz klar: „Was ihr den Vater bitten werdet in meinem Namen, wird er euch geben." Warum? Weil der Vater den Namen Jesus liebt. Der Vater liebt Seinen Sohn. Sein Sohn ist der Eine, der auf die Erde kam und den Opferpreis bezahlte, damit Sie und ich gerettet werden.

Beten Sie Ihn weiter an

Wenn Sie Ihm gefallen wollen, wenn Sie dem allmächtigen Gott, dem Schöpfer des Universums gefallen wollen, beten Sie Jesus an, glauben Sie an Ihn.

Wenn Sie Jesus anbeten, wird Er in den Thronsaal gehen und sagen: „Vater, diese Frau dort unten, die krank ist und ein besessenes Kind hat, betet mich an." –„Wie lange betet sie schon an?" könnte Gott fragen. –„Sie tut es seit einer Woche", könnte Jesus antworten. –„Sie macht das vielleicht nur deshalb, damit ich mich erweise, weil sie Hilfe braucht, und betet mich gar nicht ernsthaft an. Dieses Evangelium-Spielen interessiert mich nicht", könnte Gott antworten.

Nach einem Monat könnte Jesus wiederkommen und sagen: „Vater, diese Frau, von der ich Dir letzten Monat erzählt habe, betet mich immer noch an, und sie sagt mir jeden Tag, daß sie Dich liebt und daß sie den Heiligen Geist liebt, und sie betet mich jeden Morgen, Mittag und Abend an."

Gott, der Vater, könnte sagen und tut das wahrscheinlich auch: „Ich denke, daß sie wirklich ernsthaft ist, doch die Zeit wird es zeigen."

Mit der Zeit kommt immer die Wahrheit heraus. Jeder kann eine Woche mit Gott geduldig sein. Jeder kann einen Monat die Stellung halten. Jeder kann seine Vorstellungskraft ausweiten und drei oder vier Monate lang in die Kirche gehen. Aber, erinnern Sie sich, Gott kauft Ihnen diese faulen Tricks nicht ab. Er kennt diese Tricks schon. Gott wird es zu einem Test kommen lassen. Er möchte herausfinden, wie lange jemand bereit ist, Ihn anzubeten. Das ist der Schlüssel: Geben Sie nicht auf, bleiben Sie dran!

Schließlich wird der Sohn zum Vater sagen: „Ich bin gekommen, um in Fürbitte für die Familie Schmidt aus Neustadt einzutreten. Sie haben ein Kind, das besessen ist, und der Teufel versucht, dieses Kind umzubringen, aber sie haben sich dazu entschlossen, mir dieses Kind zu übergeben. Sie haben sich entschlossen, ihre ganze Familie an mich zu übergeben. Sie haben sich entschlossen, mir ihr Leben zu geben."

Manche Menschen wurden vor fünfundzwanzig Jahren wiedergeboren, aber sie haben Jesus nie ihr Leben übergeben. Es ist eine Sache, Jesus sein Herz zu geben, aber eine andere, Ihm sein Leben zu geben.

Die Menschen geben Jesus ihr Herz, weil sie überführt wurden oder aufgrund einer Predigt oder weil sie nicht in der Hölle landen wollen. Aber es ist ein gewaltiger Unterschied, ob ich Jesus nur mein Herz gebe, damit ich in den Himmel komme, wenn ich sterbe, oder ob ich mein ganzes Leben vor Ihm hinlege – und zwar jetzt, da ich reich und gesund bin. Denn jetzt, wo ich in guter Verfassung bin, bin ich für die Welt attraktiv, und sie will alles von mir haben, was ich bin und habe. Sage zur Welt: „Nein, du kannst mich nicht haben. Ich kehre um und übergebe Jesus mein Leben total."

Übergeben Sie Ihm Ihr Leben

Gott möchte Ihr Leben. Er möchte nicht nur Ihr Herz. Er wird Ihr Herz nehmen, wenn das alles ist, was Sie Ihm geben wollen; aber er möchte Ihr Leben, Ihr ganzes Wesen. Wenn Sie Gott nicht Ihr Geld übergeben, gehört Ihr Leben nicht Gott, sondern Ihrer Brieftasche. Wenn Ihr Leben wirklich Gott gehören würde, würden Sie sie vor Ihm hinwerfen und Ihm alles geben, was Sie haben.

Wenn ich in ein Haus kommen soll, um für ein besessenes Kind zu beten, damit die Dämonen ausfahren, oder um für jemanden zu beten, der im Sterben liegt, stelle ich zuvor immer zwei Fragen. Die erste Frage lautet: „Beten Sie Gott in diesem Haus an?“

Nahezu jeder antwortet: „Wir gehen in die Gemeinde.“ Dann sage ich: „Das habe ich Sie nicht gefragt. Beten Sie Jesus in diesem Haus an?“

„Ach, Mr. Hayes, wir sind seit langem Mitglied einer Gemeinde, und wir lieben Gott seit langer Zeit.“

„Das habe ich Sie auch nicht gefragt. Beten Sie in diesem Haus Jesus an?“

Ich weiß zu diesem Zeitpunkt bereits, daß sie es nicht tun, denn sonst hätten sie gesagt: „Ehre sei Gott, ja! In diesem Haus beten wir Gott zu jeder Zeit an.“ Dann frage ich sie: „Zahlen Sie den Zehnten?“

„Ich will Ihnen sagen, was ich darüber denke.“

„Ich bin nicht zu Ihnen gekommen, um mir eine Predigt von Ihnen anzuhören. Ich möchte nicht einmal wissen, was Sie darüber denken. Sagen Sie mir, zahlen Sie den Zehnten?“

„Nun ja, das ist meine Vorstellung...“

„Ich bin nicht an Ihrer Vorstellung interessiert, zahlen Sie den Zehnten?“

„Na gut, nein.“

„Lassen Sie mich das mal klarstellen. Sie beten Jesus nicht an, und Sie zahlen den Zehnten nicht, und Sie wollen, daß ich zu Ihnen nach Hause komme und dafür sorge, daß Gott Ihre Tochter heilt, ist das richtig?“ – „Ja, das ist richtig.“ – „Dann zeigen Sie Ihm, daß Sie Ihm glauben. Zeigen Sie Ihm, daß Sie Ihn lieben. Beten Sie Ihn an, und zahlen Sie den Zehnten.“

Danken Sie Gott im Glauben

Es gibt noch eine weitere Sache, an die Sie sich erinnern sollten. Alles, wofür Sie Gott danken und was in Übereinstimmung mit dem Wort ist, wird Gott Sie sehen lassen. Er wird es Ihnen geben. Deshalb sagt Gott Ihnen in seinem Wort, daß Sie Ihm in allem danken sollen (1.Thessalonicher 5,18). Danken Sie Gott für eine gute Ehefrau. Danken Sie Gott für einen guten Ehemann. Danken Sie Gott für Frieden in Ihrem Heim. Danken Sie Gott dafür, daß Ihre Kinder errettet werden. Danken Sie Gott für eine gute Gemeinde. Danken Sie Gott für Ihre Heilung.

Nun, nachdem Sie Gott gedankt haben, habe ich gute Neuigkeiten für Sie. Falls Sie ein Pastor sind, passen Sie jetzt besonders gut auf. Ich gebe Ihnen eine perfekte Definition von Glauben. Ich lasse Sie genau wissen, was Glaube ist: Alles, wofür Sie Gott laut danken, bevor Sie es sehen, wird Jesus Sie sehen lassen. Der Glaube ist nicht sichtbar. Sie müssen Gott danken, bevor Sie es sehen. Danken Sie Gott laut, für das, was Sie von Ihm erbeten haben: „Danke, Herr, für meine Heilung. Danke, Herr, daß Deine Gegenwart in meinem Haus ist. Danke, Herr, daß Du Elisabeth, Thomas und Johannes errettet hast. Danke, daß Du meine Familie wiederhergestellt hast."

Das nächste Mal, wenn Ihr Kind, nennen wir es Johannes, Ihnen frech antwortet und die Türen zuschlägt, gehen Sie in sein Zimmer und erheben Sie Ihre Hände und beten Sie Gott in diesem Zimmer an. Bekennen Sie mit Ihrem Mund: „Der Geist der Ehrfurcht vor Gott wird auf meinen Sohn Johannes kommen. Er wird nicht die Türen zuschlagen, und er wird nette Dinge zu mir sagen." Dann knien Sie sich nieder, an sein Bett, und beten Gott an. Legen Sie Ihre Hände auf sein Kissen. Sagen Sie: „Wenn er in seinem Bett schläft, laß den Geist des Friedens auf ihn kommen. Laß den Geist der Ehrfurcht auf ihn kommen." Sie werden überrascht sein, was der Heilige Geist mit ihm anstellen wird.

Plötzlich, es wird nicht sehr lange dauern – vielleicht ein oder zwei Wochen –, wird er zu Ihnen kommen und sagen: „Mutter, es tut mir leid, daß ich in der letzten Woche die Türen zugeschlagen und so harte Worte zu Dir gesagt habe. Ich fühle mich so schlecht, weil ich so zu Dir geredet habe. Bitte vergib mir!“ Natürlich verhalten Sie sich so, wie Jesus sich gegenüber Ihrem Sohn verhält, Sie strecken Ihre Hände aus und nehmen ihn in den Arm und sagen: „Danke, mein Sohn. Es erfordert einen ganzen Mann, das zu tun, was Du getan hast. Ich vergebe Dir.“ Wofür auch immer Sie Gott danken, bevor Sie es sehen können, das wird Jesus Sie sehen lassen.

Glauben Sie, daß Gott Sie eines Tages heilen wird? Glauben Sie, daß Er eines Tages Ihr Kind befreien wird? Er wird es nicht tun, weil „eines Tages“ nie kommen wird. Gott ist ein „Jetzt-Gott“ und Glaube geschieht genau jetzt. Ein Prediger, der an die großen Werke Gottes glaubt, sagte einmal zu mir: „Wir beten für meine Schwiegermutter, Bruder Norvel. Die Ärzte haben uns bereits gesagt, daß keine Hoffnung mehr besteht; und wenn Gott nicht eingreift, wird sie sterben.“

„Na dann“, sagte ich, „wird sie sterben.“ Es war kein Glaube in der Aussage dieses Mannes, nicht ein Wort des Sieges. Alles was er hatte, war eine Ansammlung von wenns und warums und „wenn Gott nicht eingreift.“ Den Fall „wenn Gott nicht eingreift“, gibt es nicht. Wenn es in der Bibel eine Verheißung für Sie gibt, trifft der Fall „wenn Gott nicht eingreift“, nicht ein. Sehen Sie zu, daß Sie das aus Ihrem Denken und Reden hinausbekommen.

Wenn das die Art ist, wie Sie beten, könnten Sie auch gegen einen Luftballon schlagen und weggehen. Ich sage es Ihnen ganz klar, Gott wird kein Wunder für Sie tun. Laufen Sie nicht umher und sagen: „Wenn Gott nicht eingreift, glaube ich, werde ich eben leiden müssen.“ Dann müssen Sie Ihre Leidenskleider anlegen, weil sie genau das erleben werden. Wenn Sie wollen, daß Gott irgend etwas für Sie tut, müssen Sie Ihm zeigen, daß Sie Ihm glauben. Beten Sie Ihn an, bitten Sie Ihn, und danken Sie Ihm. Fangen Sie heute nachmittag an. Warten Sie nicht bis morgen. Er möchte sich Ihnen heute erweisen. Er möchte, daß Sie Ihn jetzt auf der Grundlage Ihres Glaubens annehmen.

Kapitel 8

Danken Sie Ihm

Manchmal werde ich gefragt: „Bruder Norvel, warum sagen Sie, ich muß dem Herrn danken und Ihn preisen, obwohl ich nicht weiß, ob ich von Ihm empfangen habe, wofür ich Ihn preise? Ich habe nichts gesehen, als ich gebetet habe, und sehe immer noch nichts."

> Psalm 50,14-15
> Opfere Gott Dank, und erfülle dem Höchsten deine Gelübde; und rufe mich an am Tag der Not; ich will dich erretten, und du wirst mich verherrlichen!

Ich verspreche Ihnen: Wenn Sie befreit werden, werden Sie Gott verherrlichen! Vielleicht stapeln sich gerade jetzt die Rechnungen auf Ihrem Schreibtisch, und Sie können sie nicht bezahlen. Doch wenn das Geld hereinkommt und alles bezahlt ist, werden Sie den Herrn verherrlichen.

Vielleicht ist Ihr Bein verkrümmt, aber wenn Sie Gott anbeten und Ihn preisen, wird eines Tages Ihre Heilung kommen. Es kann dauern – eventuell sechs Monate, ein Jahr, zwei Jahre oder drei Jahre – doch es wird geschehen. Erinnern Sie sich, daß der Glaube keine Uhr hat, weil der Glaube keinen Zeitpunkt kennt. Sie werden eines Morgens aufwachen, und Ihr verkrümmtes Bein wird so normal sein, wie Ihr anderes Bein. Und wenn das geschehen ist, werden Sie umherspringen, wie der verkrüppelte Mann, der an der Schönen Pforte geheilt wurde (Apostelgeschichte 3,8). Sie werden Ihre Bettdecke zur Seite werfen, aus Ihrem Bett springen und Gott im ganzen Haus preisen. Wenn Er Sie befreit, sagt Gott, daß Sie Ihn preisen werden, und genau das werden Sie tun!

Stellen Sie Gott keine Fragen

Sehen wir uns Lukas 17,12-14 an. Folgen Sie mir aufmerksam, Sie werden diese Stelle lieben:

> Lukas 17,12-14
> Und als er in ein Dorf einzog, begegneten ihm zehn aussätzige Männer, die von fern standen. Und sie erhoben ihre Stimme und sprachen: Jesus, Meister, erbarme dich unser! Und als er sie sah, sprach er zu ihnen: Geht hin und zeigt euch den Priestern! Und es geschah, während sie hingingen, wurden sie gereinigt.

Wenn Sie Jesus jemals darum bitten, Sie zu heilen oder ein Wunder zu tun, und Er sagt zu Ihnen, daß Sie in die Stadt gehen und Traktate verteilen sollen, stellen Sie Ihm keine Fragen. Besorgen Sie sich ein paar Traktate, gehen Sie, so schnell Sie können, in die Stadt, und verteilen Sie diese Traktate. Ich garantiere Ihnen, während Sie diese Traktate austeilen oder während Sie auf dem Weg in die Stadt sind, werden Sie geheilt.

Stellen Sie Gott niemals Fragen. Ich verstehe Gott nicht, und Sie werden Ihn auch nicht verstehen. Bevor Sie tun, was er sagt, wollen Sie sicher wissen warum; aber Gott wird Ihnen nicht alles erzählen, außer was Sie tun sollen. Stellen Sie Gott keine Fragen. Er weiß genau, was Er tut. Gehorchen Sie Ihm einfach.

Gehorsam ist besser als Opfer

Die zehn Aussätzigen entschieden sich also zu tun, was Jesus gesagt hatte. Sie entschieden sich, Ihm zu gehorchen.

> Lukas 17,14
> Und als er sie sah, sprach er zu ihnen: Geht hin und zeigt

euch den Priestern! Und es geschah, während sie hingingen, wurden sie gereinigt.

Lesen Sie aufmerksam. Jeden Teil des Neuen Testaments, dem Sie nicht gehorsam sind, werden Sie „opfern“ müssen. In 1.Samuel 15,22 sagt Er es wie folgt: „Gehorchen ist besser als Schlachtopfer, aufmerken besser als das Fett der Widder.“

Was wäre passiert, wenn diese zehn Männer sich entschlossen hätten, nicht zu tun, was Jesus ihnen gesagt hatte. Wahrscheinlich wären sie weiter aussätzig geblieben. Warum sollten sie zu den Priestern gehen und gereinigt werden, obwohl sie noch gar nicht geheilt waren? Nun, das nennt man „im Glauben handeln". Sie sahen es noch nicht, aber sie glaubten, was Jesus zu ihnen gesagt hatte, und sie handelten so, als wäre es geschehen. Und „während sie hingingen, wurden sie gereinigt“ (Lukas 17,14). Als sie bei den Priestern ankamen, waren sie geheilt, und die Priester konnten erklären, daß sie rein sind. Doch sie mußten gehorchen. Wären sie nicht gehorsam gewesen, hätten sie ihre Heilung „opfern“ müssen. Sie wären leer ausgegangen, obwohl Jesus bereits alles vorbereitet hatte und ihnen gesagt hatte, was sie tun mußten, um die Heilung zu empfangen.

Danken Sie Ihm mit einem dankbaren Herzen

Beachten Sie bitte genau, was im nächsten Vers geschieht.

> Lukas 17,15-16
> Einer aber von ihnen kehrte zurück, als er sah, daß er geheilt war, und verherrlichte Gott mit lauter Stimme; und er fiel aufs Angesicht zu seinen Füßen und dankte ihm; und das war ein Samariter.

Ich hoffe, Sie denken so wie dieser Mann. Als er sah, was Jesus getan hatte, war er dankbar. Er war so dankbar, daß er Gott mit lauter Stimme verherrlichte. Es war ihm nicht peinlich, er schämte sich nicht, er war glücklich, er war froh, und jeder wußte es. Dann fiel er vor Jesu Füßen auf sein Angesicht und dankte Ihm. Was tat er? Er betete Ihn an. Er pries Ihn. Er dankte Ihm.

> Lukas 17,17-19
> Jesus aber antwortete und sprach: Sind nicht die Zehn gereinigt worden? Wo sind die Neun? Haben sich sonst keine gefunden, die zurückkehrten, um Gott Ehre zu geben, außer diesem Fremdling? Und er sprach zu ihm: Steh auf und geh hin! Dein Glaube hat dich wiederhergestellt (teilweise wörtlich aus dem Englischen).

Weil dieser Mann dankbar war, erhielt er das Doppelte von dem, was Jesus ihm geben wollte. Er wurde nicht nur geheilt, sondern er wurde wiederhergestellt. Wenn ein Mensch in jener Zeit aussätzig war, so verlor er durch die Krankheit gewöhnlich einen Finger, eine Zehe, die Nase oder das Ohr. Doch dieser Mann, ein Samariter, gab Gott die Ehre und war dankbar, daß Jesus ihn geheilt hatte, und Jesus stellte ihn daraufhin wieder her. Er gab ihm das Doppelte. Wenn ein Finger gefehlt hatte, so war er nun wieder gewachsen. Sollte eine Zehe gefehlt haben, so war sie nun wieder da. Gott ist ein Gott, der Wunder tut, und es ist leicht für ihn, fehlende Körperteile zu ersetzen. Alles, was Sie tun müssen, ist auf Ihn zu sehen, Ihm zu glauben und Ihm zu danken.

Ich begann, dem Herrn zu folgen

Ich folge dem Herrn seit vielen Jahren, nachdem er mich eines Abends, während ich auf der Autobahn unterwegs war, heimsuchte. Ich war auf einem Treffen der Geschäftsleitung im zweihundert Meilen entfernten Columbus, im Bundesstaat Ohio, gewesen. Als ich in dieser Nacht nach Hause fuhr, kam der Geist Gottes eineinhalb Stunden lang auf mich.

Wenn Jesus jemals mit Ihnen eineinhalb Stunden im Auto mitfahren sollte, werden Sie auch so überschwenglich für Ihn sein, wie ich! Es ist so, als würde man in einer Einbahnstraße fahren. Sie können nur in eine Richtung fahren, es gibt kein Zurück. Wenn der Herr Jesus Sie in einer solchen Weise heimsucht, werden Sie vergessen, daß Sie ein Geschäftsführer sind. Sie werden sogar Ihre Firma vergessen und Ihm einfach nachfolgen.

„Was meinen Sie damit, daß man seine Firma vergißt? *Sie* haben das nicht getan."

Im Prinzip habe ich das gemacht. Ich hatte zu dieser Zeit nur eine Firma, und die war erfolgreich. Ich lebte in einer anderen Welt, in Indianapolis, im Bundesstaat Indiana. Ich war ein Geschäftsmann, ein Geschäftsführer, Mitglied einer Gemeinde; aber es gab keinen Raum für den Heiligen Geist und seine Gaben in meinem Leben. Wahrscheinlich gab es zu jener Zeit nicht sehr viele geisterfüllte Gläubige in Indianapolis.

Ich nahm an, daß meine Familie sich freuen würde, zu hören, daß der Herr mir in dieser Nacht auf der Heimfahrt begegnet sei. Doch als ich es ihnen erzählte, waren sie darüber nicht begeistert, und es endete damit, daß ich allein mit meiner neunjährigen Tochter blieb, die ich großziehen sollte. Der Herr führte mich und meine Tochter nach Cleveland in Tennessee. Die Bibel sagt: „und ein kleines Kind wird sie leiten" (Jesaja 11,7, wörtliche Übersetzung aus dem Englischen). Meine Tochter wollte nach Cleveland umziehen, ich hätte alles getan, um ihr zu helfen, also zogen wir dorthin.

Ich gehorchte Seiner Führung

Es war eine stürmische, regnerische Nacht, als wir umzogen, und meine kleine, neunjährige Tochter klammerte sich an mich. Unser beider Herz war zerbrochen. Ich war von Kopf bis Fuß zerbrochen, aber ich war vom Ruf des Herrn völlig erfüllt. Der Herr selbst fing an, mich zwei, drei Mal die Woche zu besuchen. Doch ich dachte nicht, daß irgendeine Möglichkeit bestanden hätte, daß der Geist Gottes einen geschiedenen Mann gebrauchen konnte – obwohl diese Scheidung nicht mein Fehler war. Ich wußte einfach nur, daß Gott mich nie gebrauchen würde, doch ich konnte nicht verstehen, warum er mich so oft und so stark berührte.

Nachdem wir nach Cleveland gezogen waren, traf ich den Prediger einer Pfingstgemeinde, und an dem Tag, an dem ich ihn traf, sprach der Herr zu mir: „Ich möchte, daß du mit ihm redest." Also sagte ich: „Der Herr möchte, daß ich aus einem bestimmten Grund mit Ihnen rede." Wir gingen in sein Büro und setzten uns. Ich erzählte ihm ausführlich meine Geschichte. Dann fragte ich ihn: „Was, meinen Sie, wird mit jemandem wie mir geschehen? Ich bin nur ein Geschäftsmann. Ich bin total erfüllt vom Ruf Gottes, aber ich kenne Gott eigentlich nicht richtig. Das einzige, was ich weiß, ist, daß Gott nett und der Teufel gemein ist. Was, meinen Sie, wird mit jemandem wie mir geschehen?"

„Wissen Sie, Norvel, Sie müssen dort beginnen, wo Sie sind. Fangen Sie einfach an, die kleinen Dinge zu tun."

„Die kleinen Dinge, welche kleinen Dinge?"

„Anderen Leuten zu helfen", antwortete er, „Sie lieben junge Menschen, also helfen Sie ihnen." Der Pastor, mit dem ich mich unterhielt, war damals sehr im Dienst der Hilfeleistung engagiert, um Menschen zu erreichen.

„Haben Sie jemals den Armen zu Essen gegeben?"

„Nein", sagte ich, „ich habe niemals den Armen zu Essen gegeben."

„Dann beginnen Sie damit, den Armen zu Essen zu geben. Gott hat großen Gefallen an denen, die den Armen zu Essen geben."

„Wirklich?"

„Ja, das stimmt. Helfen Sie Menschen. Helfen Sie anderen Geschäftsleuten, zu Gott zu finden. Beginnen Sie mit dem Dienst der Hilfeleistung, wo immer Sie es können."

„Aber ich habe niemals zuvor etwas vom Dienst der Hilfeleistung gehört." Ich wußte wirklich nicht, was das sein sollte, aber ich war bereit zu lernen. Nachdem ich dem Herrn wirklich nachfolgte, habe ich sieben Jahre lang im Dienst der Hilfeleistung gearbeitet. Ich wußte damals nicht, daß der Herr mich für einen Dienst im Rampenlicht vorgesehen hatte.

Ich wurde im Heiligen Geist getauft

Einige Zeit später hat der Pastor mich eingeladen, in seine Gemeinde zu kommen und in der Sonntagsschule zu unterrichten. Also tat ich das. Ich hatte mir vorgenommen, nach der Sonntagsschule in meine Gemeinde zum Gottesdienst zu gehen, doch der Herr sagte zu mir auf der Treppe: „Bleibe hier zum Gottesdienst und zeige Respekt." Also blieb ich. Während des Gottesdienstes fing eine Frau in meiner Nähe an, in anderen Sprachen zu sprechen. Ich hatte niemals zuvor so etwas gehört, und ich dachte, sie wäre geistesgestört! Doch nach dem Gottesdienst stellte ich fest, daß sie völlig normal war. Ich dachte: „Das ist ja komisch. Wie kann jemand so wie sie im Gottesdienst reden und dabei normal sein?"

Es ist so, wie man sagt: Sich über Leute, die im Heiligen Geist getauft sind, lustig zu machen, ist so, als ob man sich aufs Glatteis begibt. Eines Tages wird man ausrutschen! Zumindestens habe ich das gemacht. Ich machte mich eine Zeitlang lustig über diese Leute des Vollen Evangeliums, und es dauerte nicht lange, bis ich selbst im Heiligen Geist getauft wurde und in Sprachen redete wie alle anderen.

Ich arbeitete im Dienst der Hilfeleistung

Dann arbeitete ich in einer Gruppe des Lee Colleges mit, die sich „Pioniere für Christus" nannte, und ich besuchte die Gottesdienste dieser Gruppe. Zu der Zeit besaß ich ein Restaurant, und es war jeden Tag mit Schülern des Lee Colleges gefüllt. Es war eine meiner Geschäftsinvestitionen, die ich Jahre vorher getätigt hatte. Damals gab es in dieser Gegend keine anderen Restaurants, also wurde mein Restaurant zum Treffpunkt für die Lee-College-Studenten. An jedem Freitag- und Samstagabend war das Restaurant überfüllt. Alle Studenten, die kamen, liebten mich und luden mich zu ihrem Gottesdienst ein. Ich ging hin und wurde gesegnet. Die Gruppe des Lee Colleges, mit der ich zusammenarbeitete, war ein Team von hingegebenen Jugendlichen. Sie nannten sich selbst „Pioniere für Christus", und das waren sie auch!

„Was bedeutet Pionier für Christus?"

Es bedeutet, daß sie einfach losgehen und überall den Weg bereiten! Da, wo nichts ist, bringen sie etwas in Gang. Als ich begann, mit ihnen zu arbeiten, liebte ich jeden einzelnen. In meinem ganzen Leben hatte ich noch nie eine solche Hingabe bei jungen Leuten gesehen. Ich werde sie niemals vergessen. Sie arbeiteten in einem Viertel, wo es aussah, wie auf der städtischen Müllkippe. Einmal fanden sie eine Frau mit zwei oder drei kleinen Kindern, die seit einigen Nächten unter einem Baum schliefen, weil sie kein Zuhause hatten. Die „Pioniere für Christus“ bauten eine kleine Unterkunft um den Baum herum. Es waren ein paar kleine Räume, zusammengezimmert aus Holzplatten, die sie vom Sägewerk besorgt hatten. Wissen Sie, wo ein Wille ist, da ist auch ein Weg.

Diese Studenten waren wirklich arbeitswilig. Sie mußten dafür arbeiten, zur Schule gehen zu können, weil sie nicht sehr viel Geld hatten. Bibelschüler haben meistens nicht viel Geld, aber das macht nichts. Wenn Sie ein Pionier für Christus sind und Sie sehen jemanden, der mit seinen Kindern unter einem Baum schläft, können Sie ein Haus unter diesem Baum bauen, ohne einen Pfennig zu haben. Es kommt nur darauf an, wieviel „Pionierblut“ Sie haben.

Nachdem sie das Haus gebaut hatten, ging ich eines Tages dorthin, um für die Frau zu beten. Als ich hineinging, waren überall Fliegen. Ein kleines Mädchen lief auf mich zu und hielt eine dreckige, stinkende Milchflasche in der Hand. Es sah so aus, als hätte sie in den letzten sechs Monaten ihre Kleider nicht gewechselt.

„Mein Herr, wir haben nichts zu Essen. Unser kleines Baby hat nur dieses bißchen Milch.“ Sie hielt mir die stinkende Flasche entgegen. Als ich zu ihr herabsah und sie zu mir hochsah und das sagte, begann der Heilige Geist in meinem Innern aufzustehen und mich zu schütteln. Ich brach zusammen und fing an zu weinen. Es gibt soviel, wofür wir dankbar sein können.

„Sei hier dankbar, und ich werde dich befördern“

Als ich herausging, sah ich auf meinen Maßanzug und meinen Cadillac. Ich sah zum Himmel und sagte: „O, Gott, ist das mein Dienst? Ist es das, was du mir geben willst? Habe ich deshalb die Gemeinde verlassen, zu der ich gehörte: ein Dienst auf der städtischen Müllkippe? Gott, ist es das, was Du für mich hast?“

Nun, es gibt Leute, die behaupten, Gott spreche nicht mit hörbarer Stimme. Doch manchmal tut er es. Auf der Insel Patmos hörte Johannes eine mächtige Stimme, wie den Klang einer Trompete, die zu ihm redete (Offenbarung 1,10). Während der Apostel Petrus auf dem Dach seines Hauses betete und in eine geistliche Trance verfiel, hatte er eine Vision und hörte eine Stimme vom Himmel (Apostelgeschichte 10,9-16). Gott bereitete Petrus darauf vor, den Heiden das Evangelium zu bringen. Als ich an diesem Tag zu Gott schrie, hörte ich Seine Stimme vom Himmel her. Er sagte: „Mein Sohn, sei mir hier dankbar, und ich werde dich befördern. Ich befördere nur Menschen, denen ich vertrauen kann."

Nun können Sie den Dienst der Hilfeleistung und seine Bedeutung verstehen. Ich wußte nicht, daß Gott selbst den Dienst der Hilfeleistung als Bestandteil der kirchlichen Lehre eingerichtet hatte. Es gibt einige Bestandteile der kirchlichen Lehre, welche die meisten Menschen nicht kennen. Mein Freund, wenn Gott etwas sagt und Er es als Bestandteil der kirchlichen Lehre bezeichnet, hat kein Mensch das Recht, es beiseite zu legen. Eine kirchliche Lehre des Neuen Testaments ist also der Dienst der Hilfeleistung (1.Korinther 12,28). Jede Kirche oder Gemeinde auf der Welt, die nicht den Dienst der Hilfeleistung hat – um junge Menschen zu lehren, die Armen zu versorgen und allen Menschen, die in Not sind, zu helfen – ist außerhalb des Willens Gottes.

„Woher wissen Sie das?"

Ich kann lesen. Alles, was Sie tun müssen, um herauszufinden, ob Sie außerhalb des Willens Gottes sind, ist, die Bibel zu lesen. Gott hat der Gemeinde einige Gaben und Lehren gegeben. Wenn Sie nicht haben, was Er der Gemeinde gegeben hat, wie können Sie dann im vollkommenen Willen Gottes sein? Wenn Sie nicht glauben, was Er sagt, und die Dinge empfangen, die Er der Gemeinde gegeben hat, und sie Ihrem Leben hinzufügen, ist es nicht möglich.

Es würde Gott beispielsweise gefallen, wenn in Ihrer Gemeinde alle neun Geistesgaben aus 1.Korinther 12 wirksam wären, wie der Geist es will. Das Traurige ist, daß weltweit viele Gemeinden nicht einmal an sie glauben. Einige Pastoren treten hinter die Kanzel und belächeln sie. Einige machen sich sogar über sie lustig. Einige machen sich über das Sprachenreden und die Auslegung lustig. Das würde ich nicht wagen! Ich habe vor langer Zeit herausgefunden, das jeder, der sich über Jesus, das Evangelium oder den Heiligen Geist lustig macht, nicht die volle Länge seines Lebens erleben wird. Sie können sich nicht über alles, was Gott, Jesus, die Bibel, den Heiligen Geist und die Gemeinde oder eine ihrer Lehren betrifft, lustig machen. Sie können sich daraus keinen Spaß machen und erwarten, daß sie danach immer glücklich weiterleben können.

Wenn Gott der Gemeinde eine Lehre gegeben hat, dann entscheiden Sie sich, sie so zu akzeptieren, wie sie ist. Kein Mensch hat das Recht, sie zu verändern. „Wenn du mit mir zurechtkommen willst“, sagt Gott in der Bibel, „liest du besser die Bibel und befolgst sie. Jedem – egal, wer er ist oder wie er aussieht, – der etwas hinzufügt oder wegnimmt von der Bibel, werden die Plagen dieser Welt hinzugefügt werden“ (Offenbarung 22,18).

Wenn Sie mit hingegebenen Menschen zusammen sind und mit ihnen zu Gebetstreffen gehen, werden Sie lernen, wie man betet. Gott wird Ihnen geben, was Ihr Herz begehrt, wenn Sie Ihn mit Ihrem ganzen Herzen und mit reinen Motiven suchen.

Seien Sie dankbar für den Dienst, den Er Ihnen gibt

Manche Menschen leben in einer Welt des Fragens. Sie sagen zu mir: „Bruder Norvel, können Sie mir sagen, was mein Dienst ist?“ oder „Bruder Norvel, können wir zusammen beten und sehen, wo ich hingehen soll und was ich tun soll? Ich muß wissen, was mein Dienst ist. Können Sie es mir sagen?“ Ich antworte: „O ja, ich kann Ihnen sagen, was Ihr Dienst ist.“ Er besteht darin, an Türen zu klopfen und Traktate auszuteilen, die Armen zu versorgen und den Menschen in Not zu helfen.

„Aber ich möchte diese Dinge nicht tun, Bruder Norvel. Darüber rede ich nicht. Ich möchte wissen, welchen Dienst ich habe.“

„Das *ist* Ihr Dienst“, sage ich dann zu ihnen. Ich war mit diesem Dienst sieben Jahre lang zufrieden. Ich wollte keinen Dienst im Rampenlicht. Danach hatte ich nicht ausgeschaut. Wenn Sie nach einem Dienst Ausschau halten, in dem Sie im Rampenlicht stehen und nichts sonst, ist es nicht Seine Berufung, sondern Ihre. Anstatt alles zurückzuweisen, was nicht im Rampenlicht geschieht, sollten Sie bereit sein, *alles* zu tun, was Gott möchte. *wann* Er es möchte, *wo* Er es möchte und *wie* Er es möchte. Seien sie willig!

Es mag jemand fragen: „Bruder Norvel, was wäre, wenn Gott Ihnen sagen würde, daß Sie in den vollzeitlichen Dienst der Hilfeleistung zurückgehen sollen und jemand anderem das Predigen überlassen sollen?“ Wenn Gott das zu mir sagen würde, würde ich antworten: „Preis den Herrn!“

„Würden Sie zurückgehen zum Lee College und wieder mit den „Pionieren für Christus“ arbeiten?“ Ich würde gehen und zwar schnell! Und ich scherze nicht.

Lassen Sie sich nicht davon gefangennehmen, ein großer Redner zu sein. Ich halte eine Menge Predigten, aber ich lasse mich davon nicht gefangennehmen. Ich bekomme Tausende von Einladungen. Und nicht nur das; die Leute bieten mir eine Menge Geld an, wenn ich komme und an einem Abend spreche. Für einen Abend! In diesen Tagen gehe ich zu vielen Versammlungen im ganzen Land, von der Ostküste bis zur Westküste und sogar im Ausland. Ich war einmal in Südafrika und konnte es selbst kaum glauben: Fünftausend Menschen kamen zur Versammlung, und ich war noch nie zuvor in meinem Leben in Südafrika gewesen. Ich fragte sie: „Wieviel Leute kannten mich, bevor ich hinter die Kanzel trat?“ Es meldeten sich ungefähr dreitausend Menschen, ich konnte es nicht glauben! „Woher kannten Sie mich?“ fragte ich. „Ich war nie zuvor hier“. Sie lachten und sagten: „Wir kennen Sie, Bruder Norvel.“

Danach sprach ich auf einer anderen Versammlung. Dort war eine ganze Gruppe aus Nigeria, und ich war nie zuvor in meinem Leben in Nigeria gewesen, aber diese Gruppe aus Nigeria hatte Geschenke für mich mitgebracht. „Warum machen Sie mir Geschenke?“ fragte ich. „Woher kennen Sie mich?“

„Wir kennen Sie, Bruder Norvel. Wir lieben Sie, Bruder Norvel. Wir möchten, daß Sie nach Nigeria kommen, Bruder Norvel. Bitte, kommen Sie nach Nigeria“.

„Gut“, sagte ich, „Sie haben diesen Wunsch schon lange, und ich denke, ich werde nach Nigeria gehen müssen!“

Wie gesagt, ich habe Gott nicht um einen populären Dienst gebeten. Ich habe nicht danach Ausschau gehalten. Aber weil ich Gott angebetet und gepriesen habe, hat Gott mich befördert. Und Er will dasselbe mit Ihnen tun. Er möchte Seinen überfließenden Segen vom Himmel auf Sie herabschütten. Beten Sie Ihn an, für das, was Er ist; preisen Sie Ihn für das, was er getan hat.

Gebet der Errettung

Wenn Sie den Herrn Jesus Christus noch nicht als Ihren persönlichen Erretter angenommen haben, beten Sie das folgende Gebet, und nehmen Sie Ihn an. Schließen Sie einen Bund mit Ihm, fangen Sie an, Ihn anzubeten und zu preisen, und kommen Sie in ein erfülltes Leben, das Sie befreien wird. Wenn Er es für mich will, will Er es auch für Sie.

Lieber himmlischer Vater,
vergib mir alles, was ich gesagt oder getan habe, was gegen Deinen Willen war. Wasche mich rein. Laß mich weiß sein wie Schnee. Laß mich eine zärtliche, sanfte Beziehung mit Dir haben. Ich möchte Dich mehr kennenlernen. Bitte komm und sei mein Herr und Erretter. Deine Kraft soll alles Weltliche aus mir herausschmelzen, damit ich fest stehen kann, wie der Fels, Christus Jesus. Ich liebe Dich, und ich bete Dich an. Danke, daß du Deinen Sohn, Jesus, für mich und die Welt gesandt hast.
In Jesu Namen, Amen.

Gebet für die Geistestaufe

Nach Aussage des Neuen Testaments möchte Jesus, daß jeder auf der Erde im Heiligen Geist getauft wird und in neuen Sprachen spricht.

Damit Sie Ihren Glauben auf die Schrift gründen können, nenne ich im folgenden einige Schlüsselstellen.

Johannes 14,16-17
Apostelgeschichte 2,1-4.16-18.32-33.38-39
Apostelgeschichte 8,12.14-17
Apostelgeschichte 9,17

Apostelgeschichte 19,1.3-6
Apostelgeschichte 10,44-46
1.Korinther 14,2.18
Johannes 7,37-39
Lukas 11,11-13
Lukas 24,49
Apostelgeschichte 1,8.

Die einzige Verpflichtung des Heiligen Geistes, Ihnen oder sonst jemandem gegenüber, besteht darin Ihnen wie beim ersten Pfingsten die ersten Worte zu geben; doch Sie müssen sprechen. Empfangen Sie, während Sie das folgende Gebet lesen, im Glauben die Taufe im Heiligen Geist, und beginnen Sie, im Glauben jeden Ton und jede Silbe auszuprechen, die in Ihnen hochsteigt.

Lieber himmlischer Vater,
ich komme mit einem offenen Herzen zu Dir, um alles zu empfangen, was Du mir geben willst. Ich habe bereits den Herrn Jesus als Herrn und Erlöser für mein Leben angenommen und öffne mich jetzt dafür, die Kraft Deines Geistes zu empfangen.
Du sagst in Deinem Wort, daß ich Dich bitten und den Heiligen Geist empfangen soll. Ich bitte Dich, füll mich jetzt überfließend mit Deinem kostbaren Heiligen Geist.
Ich empfange Ihn jetzt im Glauben und erwarte, daß ich in anderen Sprachen sprechen kann, mit den Worten, die Er mir auszusprechen gibt.
In Jesu Namen, Amen.